民间金融穿透式监管的法律研究

王 波/著

MINJIAN JINRONG CHUANTOUSHI
JIAN GUAN DE FALü YANJIU

法律出版社
LAW PRESS · CHINA
北京

图书在版编目（CIP）数据

民间金融穿透式监管的法律研究 / 王波著 . -- 北京：法律出版社，2023
ISBN 978-7-5197-8277-1

Ⅰ．①民… Ⅱ．①王… Ⅲ．①民间经济团体—金融监管—金融法—研究—中国 Ⅳ．① D922.280.4

中国国家版本馆 CIP 数据核字（2023）第 168460 号

民间金融穿透式监管的法律研究
MINJIAN JINRONG CHUANTOUSHI JIANGUAN DE FALÜ YANJIU

王 波 著

责任编辑 朱海波
装帧设计 鲍龙卉

出版发行 法律出版社
编辑统筹 法律应用出版分社
责任校对 王晓萍
责任印制 刘晓伟
经　　销 新华书店

开本 710 毫米 ×1000 毫米 1/16
印张 16　**字数** 280 千
版本 2023 年 12 月第 1 版
印次 2023 年 12 月第 1 次印刷
印刷 固安华明印业有限公司

地址：北京市丰台区莲花池西里 7 号（100073）
网址：www.lawpress.com.cn
投稿邮箱：info@lawpress.com.cn
举报盗版邮箱：jbwq@lawpress.com.cn

销售电话：010-83938349
客服电话：010-83938350
咨询电话：010-63939796

书号：ISBN 978-7-5197-8277-1　**定价**：58.00 元
凡购买本社图书，如有印装错误，我社负责退换。电话：010-83938349

序

从宏观层面看，金融是国民经济的命脉，现代经济的核心。当前，我国经济发展处于结构调整的阵痛期，中小企业资金链紧张、实体经济下行压力明显，再叠加房地产市场萎靡等影响，银行等金融机构风险日益凸显，不良贷款也有所上升。民间金融作为国家金融体系中的重要力量，随着业务规模不断扩张延伸，诉至法院的民间金融纠纷大幅增长，整体的民间金融风险有所抬头。一般而言，外界认为民间金融案件主要指民间借贷类案件；但随着社会经济的发展，民间金融的外观形态逐渐复杂化，尤其在资本力量介入后，公司投融资、资本运营、对赌协议等较为复杂的新类型商事纠纷，都是民间金融案件审理中遇到的新情况、新问题。

一般情况下，金融审判工作任务由各级法院的商事审判工作部门承担，专业化的金融审判机制与当地的金融业务水平、行业发展情况和法院的审判实际密切相关。由于我国不同地区的民间金融发展水平是不均衡的，这也导致了民间金融业发达的上海、深圳等地区法院的审判水准要远高于内陆城市法院的审判业务水准。在面临相同或者近似的民间金融风险时，法院的审判理念是否一致就显得尤为重要。

该书的作者长期从事金融审判业务，并对最高人民法院发布的《全国法院民商事审判工作会议纪要》中提及的“穿透式审查”这一新的审判理念有着极为深入的理解。该书以民间金融演进为背景，指出穿透式监管对民间金融发展的独有价值；从穿透式监管的源头入手，指出穿透式监管融入司法裁判的路径，以及穿透式审查在实践中面临的困难与障碍。该书既以法律视角对穿透式审查进行了剖析，同时又将穿透式审查进行了微观化，将焦点对准了穿透式审查的司法判例。

作者将多年司法实践中的经验总结于该书之中；更加难能可贵的是，作者以对民间金融风险的宏观理解，为大量的民间金融从业者、民间金融审判基层一线法官提供了更为精准的思考。司法本身具有滞后性与终局性。当大量新型民间金融纠纷进入审判环节时，宏观的系统性风险有可能已经产生；此时司法裁判究竟遵循何种标准或尺度，对民间金融审判法官的综合业务能力和风险预知能力提出了极高的要求。从外观上看，民间金融案件如果潜藏着金融风险，一定是呈现单个行为合法有效，多个行为叠加则存在逃避监管、增加系统风险的特点。因此，作者认为民间金融审判应当从逻辑内核上与民间金融监管政策方向一致，甚至民间金融审判还应当作为监管政策的补充甚至预警，如此方能维护整体的金融稳定与安全。

该书在编排上充分考虑了读者的需求：民间金融具有什么样的演进特点？民间金融的穿透式监管因何而起？穿透式审查如何融入民间金融审判？融入路径中存在什么样的困难与障碍？作者围绕穿透式审查在司法实践中的主要问题，详尽地为读者进行阐述，具有极强的可读性。同时，在案例的选择上作者也足够用心：不仅精心选取了穿透式监管涉及的典型案例，而且不同的案例紧扣不同的主题，实现了理论性、实践性和可操作性的三位一体。此外，该书的分析始终立足于中立、客观，以法律为准绳，不偏不倚地总结并反思穿透式的审查边界。民间金融的健康稳定发展需要良好的法制环境、完备的法制体系、严格的执法机制和公正的司法制度。作者不遗余力地努力，极为生动地体现了司法作为纠纷处理的最后一道防线，对于保证民间金融市场主体自由参与、增强民间金融市场主体活力、化解民间金融风险的重大意义。

作者身为法院院长，虽工作极为忙碌，仍不忘时时自勉、自我充实，实在值得敬佩。该书创作角度精准、符合民间金融监管及审判的改革趋势，实属难得之作！

民商法学家、中国政法大学教授

目　　录

绪　　论

党的二十大报告提出“深化金融体制改革，建设现代中央银行制度，加强和完善现代金融监管，强化金融稳定保障体系，依法将各类金融活动全部纳入监管，守住不发生系统性风险底线”。自1973年美元与黄金脱钩，国际货币基金组织允许各国汇率适度浮动，全球进入完全的信用货币时代，金融体系由于其完全的信用特性及其高负债率而天然地具有内生的脆弱性。在互联网、数据经济和科技金融时代，国际经济和金融形势变幻莫测，金融创新层出不穷，无论是世界金融体系还是我国的金融体系不得不更加重视金融系统性风险的防范。总之，如今讨论金融风险所处的环境与过去完全不一样，风险的复杂性、系统性、传染性、外部性将展现得更强烈。对于更加脆弱的中国金融而言，我们只有将过去传统的金融体制、金融体系下的风险考量与现在的金融高速创新发展有效结合，既要把所有的金融活动纳入监管，还要保持与国际市场正常交流，才能守住不发生系统性风险的底线。为此我们不仅需要稳健的货币政策，还需要人民银行等金融监管部门的机构监管与功能监管，更需要地方政府的全面监管。金融监管一是合规监管，以保证金融行为合法合规，这主要是针对外部金融行为而言的。二是审慎监管，是对金融主体内部治理和金融资产的质量与结构而言的；相较于合规监管，审慎监管要求更高。“通过审慎监督，维护广大投资者和消费者的利益，增强市场信心，增进公众对现代金融业的了解，维护金融市场稳定是金融监督的目的。”[1]如果说合规监管主要是依法行政，那么审慎监管则要求更高：其方法除直接调控以外，还需要运用大量间接的方法。如通过合格投资人资格的设定保护投资人；通过投资者保护防范金融风险；通过存款准备金率调控市场资金投放量；通过汇率调整控制市场的外汇量；通过市场准入条件的宽严解释调

〔1〕 阎庆民、李建华：《中国影子银行监管研究》，中国人民大学出版社2014年版，第45页。

整市场活跃度。三是反洗钱和恐怖融资。这是金融作为一种现代服务业的特有现象，无论是银行、证券还是基金领域都存在这一问题。

在我国统一的金融监管体系之中，金融司法发挥着独特的作用。要实现货币政策与宏观审慎政策的相互配合，金融司法就是其中一个重要的环节和依托。金融机构、金融市场、金融基础设施三个层面反映在金融审判和金融执行，就是主体、行为（以协议为主要表现形式）、标准（利率）和履行方式（金融结算、货币、证券、其他金融产品和金融工具等）。以利率为例，我国的民间借贷利率主要以金融司法权领域的监管为主，利息标准属于货币政策的重要内容，而金融行为的法律效力、法律关系之间的耦合属于宏观审慎政策。金融司法审判不仅有普通的商事审判，还有破产、涉金融案件执行等广义的金融司法活动。既有实体法上问题，也有程序法问题。中国金融的脆弱性决定了中国金融审判不能盲目照搬国外经验。对金融司法的认识也存在这样的争议：一种观点认为，金融司法仍然就是金融领域的民商事审判，应当尊重当事人意思自治，不能轻易突破商事交易的外观。另一种观点认为，无论是合法合规监管，还是宏观审慎监管的理念，要求必须在党中央的集中统一领导下，充分尊重市场主体的自主权、积极性和金融创新的基础上，建立各不同层级、不同领域、不同职能的相关部门、机构以及社会力量共同参加，互相配合，形成合力，实现对金融的协同治理；而不能各自为政，条块分割。在这一协同治理体系中，金融司法是很重要的一部分，而且应该发挥更大的作用。最高人民法院于 2019 年 11 月 8 日印发的《全国法院民商事审判工作会议纪要》（以下简称《九民纪要》）就是其中一个重要的体现。为了实现协同治理，确保不发生系统性金融风险，《九民纪要》正式提出了穿透式审判的理念。在穿透式裁判理念的指导下，法院要摒弃传统的“被动”司法理念：金融司法通过化解矛盾纠纷，裁判个案，维护金融领域的公平正义，保护金融投资者和消费者；并按照实质大于形式的理念，通过对主体身份、合同效力、责任机制的穿透，与金融行政监管形成合力，共同维护金融市场的效率与秩序、公平公正，共同守护金融风险的底线。以数字监测的监测为例，监测数字货币的职能要求金融司法必须及时高效，不能受合同相对性的掣肘。

但是，我们说金融司法是金融协同治理的重要部分，这是指金融司法具有的一种功能；它并不能离开案件裁判而直接制定金融监管规则，更不能代替金融行政监管部门的日常监管活动。因此，穿透式裁判在贯彻金融监管理念的同时，仍然需要为市场主体的意思自治和金融创新领域留下空间，保持法律体系的统一性和法学知识的自主性和金融司法的独立性。

第一章

民间金融穿透式监管的内涵、现状与制度

第一节　我国民间金融的演进路径及其风险特征

一、民间金融概述

据中国人民银行不完全统计，目前，我国中小企业占民营企业的比例达 90% 以上，而民营经济份额又占国民经济 60% 以上；可见，中小企业在我国国民经济体系中具有十分重要的地位。但是在长期的“金融抑制”政策之下，我国的银行业贷款仅有 25% 流向民营企业，大部分中小企业高度依赖民间借贷和小贷公司融资等民间融资方式，而这些民间金融融资成本普遍接近或超过 25%，由此催生了一批主要提供短期的、临时周转用的“过桥”资金的小额贷款公司、投资担保公司、投资咨询公司、寄售行、典当行等非正规金融机构。为了打通民间借贷的渠道，我国采取了较为稳健[1]的货币与财政政策，但这种财政政策在一定程度上扭曲了民间资金的流动轨迹，使其产生了三个亟待修正的动向：

一是资金涌向高投资回报的高风险领域的趋势明显。资金的高流动性与疯狂逐利性，促使更多的民间资金从预期收益较低的传统制造业中抽离，转而涌入房地产、采矿业以及股票、大宗商品等预期回报较高的领域，并进行非理性的投机炒作，资金脱实向虚，实体经济极易陷入空洞化状态。这一现象在温州、内蒙古与山西等地表现得尤为突出，特别明显。

二是跨地区逐利潮正逐步形成，愈演愈烈。民间借贷借助互联网，不受时空限制，正不断突破地域的阻隔，但凡有利益，不避风险。目前，不

〔1〕 我国的货币政策在不同阶段有不同的特征，但是总体上可称为“稳健”。

仅民间资金参与跨省金融服务较为常见，在跨国经济活动中也不时出现它的身影，屡见不鲜；如此粗放式的发展模式无疑加大了市场风险。

三是民间资金短时、局地地积蓄了大量的流动性。囿于体制障碍，民间资金同样存在"皇帝的女儿也愁嫁"的问题：由于信息、渠道等匮乏，民间资金有时也很难在短期内匹配到适合的投资渠道和优质的借贷人，因而出现一定的流动性过剩问题。

应该说，民间金融作为一种常规性传统金融活动，如果监管得当，其对经济与社会发展还是具有积极的正向促进作用的：可以有效弥补正规金融的资金缺口，特别是可以为民营中小企业提供有力的资金支持，缓解民营中小企业融资难问题。但与此同时，在监管制度不健全、政府监管缺位的现实情况下，高利放贷、非法集资、恶意催收等乱象丛生，引发一系列社会问题，加大金融系统性风险。随着社会经济的发展和金融交易创新，一些非银行类组织不断拓展业务领域，频繁实施与资金融通相关的多样化业务，在实践中发挥着与银行类金融机构相似的融资贷款中介之功能，所以业界有人借用国外的概念称其为"影子银行"。〔1〕我国现阶段的"影子银行"可以定义为"从事金融中介活动，具有与传统银行类似的信用、期限或流动性转换功能，但未受《巴塞尔协议Ⅲ》或同等监管程度的实体或准实体"。〔2〕由于这些民间"影子银行"游离在货币当局的传统货币政策监管之外，给金融监管制造了别样的难题。长期以来，源于有效金融监管的缺失，"影子银行"出现了逃避常规金融监管的逾矩越轨行为。

〔1〕"影子银行"这一概念起源于美国。最早于2007年由美国太平洋投资管理公司执行董事麦卡利提出。他认为影子银行是"非银行投资渠道、工具和结构性产品杠杆化的组合"。2008年，起源于美国的次贷危机演变成全球性的金融危机，"影子银行"概念开始被政府和学术界广泛接受和使用。

〔2〕参见中国人民银行调查统计司与成都分行联合课题组：《影子银行体系的内涵及外延》，载《金融发展评论》2012年第8期。转引自李斌、伍戈：《信用创造、货币供求与经济结构》，中国金融出版社2014年版，第85页。

民间借贷与实体经济发展相互交织、彼此消耗，使整个社会的资金链越来越脆弱。长此以往，此类金融领域的风险此起彼伏、来回往复，就会出现信任危机，丧失信誉，从而出现恶性的连锁反应，诱发系统性的金融危机，甚至损害国民经济整体的健康性与稳定性，给金融风险的集中爆发埋下隐患，甚至影响社会稳定。

由于“影子银行”存贷款期限宽松灵活，市场流动性强，其经营者通常也以此作为自身资源禀赋，不断进行“金融创新”，谋取超额利润。但风险与收益总是相伴而生的，高收益必然意味着高风险。“影子银行”高收益、高回报的经营盈利模式也同时蕴含了极大的风险，主要来源便是期限错配和监管套利。诚然，监管套利在传统正规金融中也时有发生，但传统正规金融管理体系给监管套利所提供的空间和机会是有限的。与之相反，“影子银行”因其所具备的资金流动性强的特性，加之政府监管无法贯穿其资金流动的始终，故而现有政策无法有效规制非法套利的现象，由此，监管套利成为“影子银行”在穿透式监管缺位状态下必然产生的现象。还需要关注的是，“影子银行”的业务范围并不局限于国内，而往往会扩展到境外，这就给“影子银行”的监管带来了新的课题：即使目前我国现行的金融监管体系能对“影子银行”的国内业务和行为施加控制，但对境外行为而言，一来缺乏监管手段和技术条件，二来监管成本较高，监管部门难以对其开展有效监管。尤其是，“影子银行”为了规避监管，往往有意地回避信息披露要求或者进行不实甚至虚假的信息披露，更扩大了信息不对称的矛盾，使监管部门无法对其进行业务流程控制，进一步加大了由于投资者无法合理评估基础资产可靠性而带来的隐患。如近年来我国金融市场上的理财通、余额宝等网络金融产品，已经暴露出诸多问题。一些不良的网上贷款平台往往打着低门槛、高回报的幌子，引诱投资者参与，其中大多数是缺乏金融知识和风险意识的普通群众。有效监管的缺失使投资者在市场中面临的投资风险加大，民营资本逐利的特性使金融风险在不同行业之间传导、扩散，进而诱发系统性风险，因而这些互联网金融产品及其经营机构也被纳入“影子银行”的监管范畴。

二、我国民间金融的发展历程

以国家经济领域改革开放的时间节点为主要标志，我国的民间金融演变历程大致可以分为三个阶段。

第一阶段，改革开放以前。在这一阶段，城乡居民普遍恩格尔系数过高，为了解决临时性的生活困难，熟人之间的借贷关系较为普遍，形成了以“三缘”关系为基础的资金互助合作社，来解决人民短时的资金困境，这种民间金融关系的“互助性”特征极为鲜明。彼时的国家经济体制也排斥具有投机性乃至生产性的各类民间金融行为，导致“互助性”经济关系长期占据社会主流。此时的民间金融以亲朋、相熟之人为主要对象，借贷的主要目的普遍为满足日常生活需要，体现显著的“生活性”特征，这一特征的借贷关系一直延续至改革开放初期阶段，此时随着经济体制的变革，虽然已经出现少量基于生产性目的的借贷行为，但仍以生活性为主。

民间金融的“生活性”特质注定了其规模十分有限，且受到经济体制的制约，此时难以形成具有成熟组织结构的市场，这种“熟人关系”中以满足基本生活需要为主要目的的自发性借贷，在利息回报方面始终显得可有可无，因而天生具有低息甚至无息的特征，执行依据主要在于道德约束，受声誉等人格化因素的影响巨大。故此时的民间借贷利率风险也很低，即仅存在金融主体能够如期还本付息的信用风险，且由于其封闭性特征，道德约束的作用反而显得更加简明、稳定、高效，这种信用风险对于当时的金融主体而言，违约成本很高，所以这种结构简单的金融风险的实际可控性较强。

第二阶段，改革开放中期。伴随改革深入，民营经济犹如雨后春笋般纷纷破土而出，原有封闭的经济体制解体，宽松的政策环境助推中小民营资本迅速崛起，居民收入也获得大幅度提升；从而民间资本实现飞跃式积累，这些民间资本又反哺了民营经济。但是另外，迫于体制性制约，民营企业较为普遍地存在借贷问题，正规金融渠道的资金仍然难以获取。在这种背景下，民间融资者借由民间资本实现飞速发展，投资者也在借贷关系中收获大量回报。这种健康的互动关系逐渐占据市场主流，实现了良好的利益循环，形成了以"互利性"为主要特征的金融关系；民间金融的规模逐步扩张，市场组织初步形成，一时间占据我国民间金融市场的主要位置。原有的生活性借贷尽管依然存在，但是其霸主地位已逐渐被生产性借贷取代，民营企业的大量资金需求将民间金融的重点逐渐推移至基于商业性生产经营性的借贷关系上，民间金融作为正规金融的补充开始主要服务于民营经济。

总体上看，此时迫于过往体制和认识上的滞后，我国民间金融尚处于较为隐蔽的地下状态，仍然处于建立在熟人社会基础上的依靠道德约束构建起来的原始阶段。但不能忽视的是，这种基于"互利性"的金融关系，已经开始撕裂原先稳定的信用纽带，高风险伴随高利息而来。不仅如此，尚不完善的内部组织与尚有缺憾的外部监管，加剧了风险约束机制失灵带来的问题，导致民间金融外生性及内生性风险陡升，总体风险攀升至较高水平。[1]

第三阶段，以《国务院关于鼓励和引导民间投资健康发展的若干意

〔1〕 参见刘希章、李富有、孙梅艳：《民间金融风险引发因素、生成机理及性态演变》，载《东岳论丛》2020 年第 8 期。

见》为典型的政策革新，逐步实现民间金融的正规化和阳光化。随着国家相关政策的颁布和相关法律的更新，尤其是2012年建立以温州为代表的金融综合改革试验区并逐渐完善相应配套措施，我国民间资本的投向不再单一地针对民营经济，国有经济及混合所有制经济中民营资本的身影也渐趋活跃；其依靠法律保护形成运转有序的契约模式，生产性金融关系一跃成为我国民间金融的主导。在此之后，我国民间金融借助政策力量，规模渐趋壮大，还发展出了形式多样的组织构架，以小额借贷公司、P2P平台、典当行及民营商业银行为主要组织形式，日渐摆脱原有"三缘"基础，向以合同与法律为根本要素的投资、融资活动发生转变。我国民间金融的内部组织形式和管理制度也迎来一波又一波的正规化革新，正规化的实现则必然意味着民间金融参与主体整体素质的提升以及配套管理制度的科学化和透明化；从而从组织内部全面实现"阳光化"发展，极大地削弱原有的可操作性、流动性等内生性风险。

在这一阶段，民营金融资金大规模地向商业主体迁移，除会受到比第二阶段更为严格的政策性、体制性等外生性风险制约外，其内生性风险的复杂性更高。首先，基于供求关系产生的民间金融利率远高于正规金融，从而导致了更高的利率风险；其次，具有组织性的市场形成，但其内部制度尚缺乏应有的系统性，同时还存在资金配置结构单一、内容人员素质欠佳等问题，致使民间金融的流动性风险与可操作性风险陡增；最后，伴随融资规模的扩大，原有的封闭性的信用关系被打破，借贷链条无限延伸，道德约束机制逐渐失灵，金融道德风险大大增加。发展至此，民间金融风险的结构也由先前的单一信用风险渐趋复杂化。[1]需要强调的

〔1〕 参见刘希章、李富有、孙梅艳：《民间金融风险引发因素、生成机理及性态演变》，载《东岳论丛》2020年第8期。

是，在互联网和大数据环境下，我国民间金融在行为类型、经营内容及经营范围等多方面又呈现新的变化。不仅这些变化多方面对交易行为产生影响，民间金融风险也随之发生演变，经历了由简单到复杂、程度由低到高、状态由平稳至波动的过程，给我国金融监管和司法裁判工作带来新的挑战。

三、我国民间金融的交易模式

伴随民间金融在实践中的演化，如今的民间融资除最常见的民间借贷等纯契约关系结构之外，呈现诸如融资租赁、微贷、复合型金融产品等一系列多元化的金融交易形式。

（一）融资租赁

融资租赁通过分离出租物所有权与使用权的方式，使承租人可以在投入较少资金的情况下获得其生产所需的设备。这种方式对于融资租赁公司而言，可以通过融资租赁赚取租金；对于企业而言，其可以获得资金维持运营。"互联网 +"时代给融资租赁行业注入了新的活力。民间资金向融资租赁涌进，对于中小企业而言是一种新的融资途径，可以较好地解决其融资难的问题。相较于向商业银行等金融机构申请贷款的方式，融资租赁具有显著的优势：

第一，手续简单、操作便捷。中小企业在向商业银行等金融机构申请贷款时，往往需要经过较长时间的审核期；通过抵押担保方式获得资金还需要提供大量的证明，并缴纳高额的风险保证金。但是，在民间金融发展的推动下，民间借贷的资本可以为中小企业提供资金，且融资租赁的手续简单，加上租赁物本身就具有抵押物的作用，更是简化了抵押审批流程，中小企业更容易获得资金维持企业生产与经营。

第二，融资租赁的门槛相对较低。中小企业通常内部管理不完善，财务信息不公开；商业银行出于风险防控的考虑向中小企业融资信贷的意愿较低。相对而言，融资租赁对中小企业财务信息的要求相对较低，受信息不对称的影响较小。民间借贷在进行融资租赁时，融资租赁的方式较多，承租人可以根据自身需求选择支付金额与方式，能够满足不同行业中小企业的资金需求。

（二）互联网微贷业务

2018 年，蚂蚁公司旗下金融科技平台的微贷平台与商业银行等金融机构合作，共同推出小微贷款产品，在一定程度上促进了小微信贷余额的增长。蚂蚁公司通过与金融机构合作的方式获取资金，蚂蚁小贷一般出资比例不到 2%，但可联合贷款 1.8 万亿元左右。这是目前蚂蚁集团占比最高的信贷资产形式，理论上不承担资金成本，也无须承担坏账风险，从而使资产质量更高。截至 2020 年 6 月，蚂蚁集团促成的消费信贷余额为 17,320 亿元、小微经营者信贷余额为 4217 亿元，促成的信贷余额总计为 21,537 亿元。在当前的金融市场里，互联网金融公司的核心业务主要围绕微贷展开，譬如马上金融、京东金融等互联网金融 App。

与常见的民间融资相比，互联网微贷业务具有如下独特性：其一，互联网微贷业务的主流发放对象并非中小企业、个体工商户等具有融资需求的商事主体，而是包含相当高比例的一般消费者；故而，互联网微贷业务具有较强的消费信贷属性。其二，互联网微贷业务通常依附于具有一定控制力的互联网企业，如腾讯、阿里巴巴、京东。在数字经济背景下，该类业务的传播速度极快，由此使得近年来我国一般消费者领域举借微贷的比例大为提高。消费金融的这种融资需求与商事融资领域服务于生产经营活动的情形不同，是一种比较典型的超前消费现象；由此造成的潜在社会风险和对社会公共道德负面影响问题，值得注意。

（三）其他创新型金融产品

1. 联合债券

联合债券亦称集合债券，是指由两个或两个以上的公司联合发行的债券，债券筹集资金有时可高达几十亿元，可以一次性帮助多家小微制造业企业解决融资问题。针对民间制造业的实际情况，有两种发行方式：一是引导多家有成长潜力的制造业企业与风险投资机构合作发行联合债券，采用“分级收益”模式，即风险投资机构部分出资且享有股权期权属性，由风险投资机构首先承担违约损失并转化为制造业的股权期权，从而消除了民间资本的后顾之忧；二是可以借鉴供应链金融的模式发行联合债券，供应链上的一家核心制造业企业与其上下游企业联合发行债券，核心制造业企业资金雄厚且与其他中小型制造业企业合作可以保障现金流的稳定，降低了债券违约风险。

2. 制造业发展基金

为帮助制造业企业解决中长期融资困难，我国各级政府已出资设立多只引导基金，如制造业产业投资基金、制造业转型升级基金；丰富的民间资本、政府和市场一旦形成合力，将为先进制造业发展提供有力的资金保障。

四、民间金融的特征

与民间金融野蛮生长相伴而生的是严重的风险集聚，主要体现在以下几个方面：

首先，民间金融的短期化偏好极易诱发流动性风险。以互联网金融为例，近几年互联网借贷平台的快速发展也逐步暴露出了不少问题。互联网金融依托于互联网平台而存在并发展；而互联网平台在丰富企业融资渠道的同时，也推动着投资群体规模的扩散与范围上的延伸。众多融资平台的运作模式，就是为了招揽潜在的投资者，即为了融资而融资。在这种目的驱使下，他们往往会作出高收益的虚假承诺。但这种虚假承诺的机制和粗犷的运作水平往往使他们无法持续地维持正向现金流，导致资金成本极其高昂；现行金融监管机制也难以对其资金动向精准监控。此外，对于融资平台来说，其并没有能力甚至不会去辨别融资机构、融资双方甚至是融资项目的真伪，这也加剧了融资渠道混乱的局面。总之，无论是融资平台，还是企业，甚至是监管机构，面对无处不在的融资风险，常常会因相关信息掌握不对称而难以察觉，所以无法及时回应，更难以预防。〔1〕

其次，民间融资的高利率特性加大了资金盲目投资乃至流动性过剩的风险。〔2〕在监管缺位的情况下，民间借贷的参与主体为了实现利益最大化，极易做出突破国家法律、政策限制的市场行为，而现行监管又无法做到及时识别、查处；那些未被监管的资金可能会追逐短期利益而盲目进入到不适宜投资领域，有些领域可能还是国家严控或者禁止进入的行业。这些体量庞大的民间资金长期体外循环，流向限制或禁止行业，导致监管部门对社会资金流向的分析和判断产生了一定的模糊性。比如，在政策层面上，水泥、钢铁等高能耗、高污染产业一直受到国家产业政策的严格调控，在贷款融资上也受到诸多限制。然而在穿透式监管缺位的状态下，

〔1〕 参见陈佳丽、邹小红：《互联网金融对中小企业融资影响及对策分析——以福建地区为例》，载《北方经贸》2019 年第 8 期。

〔2〕 参见王思蕲：《我国民间借贷的现状分析及对策》，载《内蒙古科技与经济》2019 年第 1 期。

由于高息诱惑，民间资金也会纷纷涌入这些行业之中：一方面给国家产业调控政策的落地带来消极影响；另一方面也使借贷资金处于较高风险之中，出现违约情形甚至可能引发群体冲突事件。此外，由于资本的投机、趋利、盲目等特点，各路资金纷纷热捧短平快项目，形成集聚效应，加之民间借贷、社会集资等方式短期内难以得到有效全面的监管，从而滋生了许多非法集资违法犯罪行为并形成连锁反应，造成了民间融资市场的利率水平不断刷新纪录；这些都极大地增加了民间借贷资金回收风险，严重阻碍经济健康发展。

最后，民间金融风险具有极强的动态传导性。民间金融在融资方面具有隐蔽性强、流动性快、控制力差、法律意识淡薄等特点。既导致金融机构对借款企业的资金情况难以掌握，也难以做出及时判断；又在无形中增加了企业资金来源的不确定性，进一步减损了企业的正常履约能力，更加剧了银行金融债权的安全风险。在经济下行周期或市场资金紧张时，民间融资的风险极易通过各种方式和渠道向银行业体系传递扩散：〔1〕一是银行员工直接或作为中介参与民间借贷，并从中受益；二是一些公司或个人使用贷款、票据和信用卡从银行套取低息资金，再以高利率转贷给他人；三是参与以银行为平台的私人融资和借贷，在某些业务环节，利用银行的内部控制缺陷，将借贷纠纷所造成的损失转嫁给银行；四是担保公司等超出其业务范围，从事违规的民间贷款经纪活动，威胁到合作银行的财务安全。

〔1〕 参见李婷：《我国影子银行的系统风险及监管》，载《东方企业文化》2013年第5期。

第二节　民间金融穿透式监管的缘起与解读

一、传统民间金融监管的历史沿革与现实困境

（一）我国民间金融监管中的“严管—放松—严管”循环往复现象

我国目前的民间金融监管体制相对比较薄弱。在面对一些现实的民间金融风险时，我国的金融监管逻辑和体制较容易陷入“严管—放松—严管”的循环往复的逻辑悖论中，难以满足现实金融发展的长效、稳定需求。我国民间金融长期处于灰色地带，但随着改革开放的进程，若干民事立法已逐渐对民间金融持肯定、宽容态度。[1]长期以来，国家对于民间金融行为的合法与非法的判断标准不明确，造成民间金融的法律地位难以确立，民间融资活动得不到法律的保护，进而使民间金融市场处于“高风险—高利率—投机—动荡”的恶性循环，而对民间金融的监管也极容易陷入“监管缺位—野蛮生长—风险发生—严格监管—风险消除—监管缺位”的怪圈，进入一种“严管—放松—严管”的无限循环中。

同民间金融一样，我国的民间金融监管也经历了从无到有、从零碎化到逐渐整合的历史阶段；但总体来看，基本可以分为严厉打击、中央统管以及“中央＋地方共管”三个阶段。

1. 严厉打击阶段

新中国成立之前我国的民间金融主要以钱庄、合会等方式进行运转，其产生和运作都是由市场自发形成，处于国家监管之外。1956 年，随着

---

〔1〕 如《物权法》（已失效）第 65 条第 1 款规定：“私人合法的储蓄、投资及其收益受法律保护。”《民法通则》（已失效）第 90 条也规定：“合法的借贷关系受法律保护。”

三大改造的完成，社会主义制度在我国得到基本确立，公有制为主体的经济制度在我国开始施行。但是，国家建设需要金融业的支持，因此中央政府授权中国人民银行进行专门的金融活动，同时规定任何未经授权的个人和其他组织不得自由进行金融活动。在三大改造中，私有制经济遭到很大破坏。由于民间金融主要服务于民营企业，因此民间金融存在的根基不存在，民间金融组织的发展遭受了相当大的阻碍。但是，实体经济的发展离不开金融的支持，国家针对私有制下的生产经营活动的支持力度不够，因此如民间高利贷等民间金融仍然难以根除。20 世纪 60 年代初，我国把高利贷治理提升到阶级斗争的高度，1963 年，有关部门开始对农村高利贷进行了严厉打击。[1]这种因噎废食的处理方式，不仅没有起到规范民间金融活动的作用，反而加重了民间金融的融资成本。至此，我国有关"高利贷"等民间金融活动的治理开始标上"政治"色彩，坚持"严控和严打"的思路。

2. 中央统管阶段

2003 年，《中共中央关于完善社会主义市场经济体制若干问题的决定》首次提出对民间金融给予政策支持。2008 年，中国人民银行《2008 年第二季度中国货币政策执行报告》正式提出建议给民间借贷以合法定位并适时推出"放贷人条例"。在报告中，中国人民银行再次明确指出，民间借贷作为规整金融的有益且必要补充，可以缓解中小企业的融资问题，提高中国经济运行的适应能力，打破正规金融机构的商业垄断地位，提高信贷层次。

在这个时间段内，由于监管体制的笼统和不明确，对民间金融的监

〔1〕 参见杨乙丹、高德步：《农村高利贷及其治理的历史审视：1957—1966 年》，载《中国经济史研究》2008 年第 2 期。

管，主要是通过一些散碎的法律、法规、规章乃至规范性文件进行规制。这个阶段国家已经开始注意到民间金融的重要性和必要性；但是，在制度设计上仍然没有一套完整的配套方案，主要还是依靠先前颁布的相关法律法规进行监管。在顶层设计上，主要通过以“一行三会”为标志的分业监管模式开展金融监管。主要问题在于，中国人民银行、证监会、银监会、保监会都属于垂直管理，虽然可以强化中央对地方的宏观调控，但是正如中国人民银行《2008 年第二季度中国货币政策执行报告》中指出的，民间借贷的规模和情况与地域民营经济的发展有着密切关系，很难做到全国层面的统一管理。同时对于民间金融行为的日常监管，也需要地方政府的配合。因此，现行的金融监管体制需要一定的重构。

3. 中央与地方共管阶段

2013 年中国共产党十八届三中全会通过的《中共中央关于全面深化改革若干重大问题的决定》，要求落实金融监管改革措施和稳健标准，完善监管协调机制，合理分配中央和地方金融监管职责和风险处置责任。2015 年，中央政府将小额贷款公司和融资性担保公司的管理权下放到地方，地方省级人民政府负责对其进行审核和管理，承担属地监管职责。2017 年，国务院金融稳定发展委员会成立，通过顶层体制改革，在“一行两会”监管的基础上，加强地方政府对金融业的监管，补充监管薄弱环节；其核心是将金融市场上的金融机构按照从事行业的不同，划分为若干类型，然后对应不同类型的金融机构设置各类金融监管部门，划定每个金融监管部门的管辖范围，监管某一类型金融机构的监管部门不得越权监管其他类型金融机构。经过近几年的金融监管体制改革，根据属地监管原则，地方政府已经成为民间融资监管的主要力量。

随着民间金融的进一步发展，金融监管的形式越发多元化。为了进一步促进和发展民间金融，助力地方经济发展，地方省级政府制定了一系列地方性文件。例如，河南省政府针对民间金融的监管问题先后颁布了七个地方规范性文件，以监管对象进行分类，主要包括小额贷款公司、融资性担保公司、金融租赁公司、非法集资四个方面。

（二）现行民间金融监管中的监管真空与监管重叠并存现象

随着金融混业经营的深入，传统金融行业之间的界线日益模糊，机构监管的不足之处也显现出来。在机构监管模式下，由于机构监管属于分业监管，每个监管部门只针对自己的业务范围进行监管；那么在目前民间金融存在借贷、融资担保、金融租赁等形式多样化且往往混同发生的情况下，容易出现"都不管"或"都要管"的情况即监管真空与监管重叠并存，而监管制度供给的不足、监管体制设计的缺陷是构成这一现状的主要成因。

1. 金融监管制度供给不足

我国金融监管的法律体系尚不完善，这使金融监管所依存的制度供给存在缺位、错位的情形，进而引发一定程度的监管真空。在民间金融领域，这一问题主要体现在以下几个方面：

（1）互联网金融法律细化程度不够。

中国人民银行等十部委曾于 2015 年发布《关于促进互联网金融健康发展的指导意见》，确立分类监管原则，明确六种业态分别由中国人民银行、银监会、证监会、保监会负责出台监管政策，落实监管责任。[1]2015 年 7 月，保监会出台《互联网保险业务监管暂行办法》，规范依托互联网订立保险合同、提供保险服务等行为。2015 年 12 月，中国人民银行出台《非银行支付机构网络支付业务管理办法》，将非银行支付机构定位于服

〔1〕 参见邓建鹏、黄震：《互联网金融的软法治理：问题和路径》，载《金融监管研究》2016 年第 1 期。

务电子商务发展和为社会提供小额、快捷、便民小微支付服务。自 2016 年 8 月以来，银监会相继出台《网络借贷信息中介机构业务活动管理暂行办法》《网络借贷信息中介机构备案登记管理指引》《网络借贷资金存管业务指引》《网络借贷信息中介机构业务活动信息披露指引》，规范了网络借贷的业务管理、机构备案、资金存管和信息披露；明确了银监会和地方金融办共同负责监督管理网络借贷，银监会负责日常监管和规则制定，地方金融办负责注册备案并处置事后风险。但股权众筹融资、互联网基金销售、互联网信托和互联网消费金融等其他业态的相应规则，仍有待出台。不断发生的学生因校园贷欠债而被逼自杀的恶性事件，暴露出制度规范细化不够，监管还跟不上现实业务快速发展的步伐，未能及时防控风险等问题。

（2）民间金融领域准入性法规空白。

现行法律体系对正式金融机构有详尽规定，但对民间金融活动缺乏一部准入性法规。金融业务实行严格特许制，合法的金融活动以经过监管部门的审批设立为前提要件，而民间金融纠纷却仅能依据《合同法》和最高人民法院的司法解释来裁判。准入性法规的缺位、法律界定模糊，导致许多民间金融活动游走于合法与非法之间，很容易将其与高利贷、地下钱庄、非法集资等违法犯罪行为联系起来。即使经营主体正当展业，没有从事高利贷、庞氏骗局、贷款诈骗等违法金融活动，仍难逃非法的嫌疑，随时可能涉罪被禁。在风险暴露之前，由于备案登记制度的缺失，不少参与人通过微信群、发放传单、亲戚熟人介绍等隐秘手段实行的金融交易行为，往往游离于金融监管体系，风险指数较高；而风险集聚爆发之后，往往涉及人数众多，金额巨大，监管部门依法处理将十分棘手，也容易瞻前顾后，无所适从。

（3）民间金融合同履行效力规范性缺失。

金融交易由于涉及的影响面广、受众多、可能引发系统性金融风险等特点，与普通民商事主体之间签订的商事合同不同，其“公共性”属性更强。对于金融机构的商事合同，不仅需要考虑合同本身效力问题，还应当考虑合同履行问题。金融机构的商事合同从意思自治的角度看，在确认合同内部效力时，为了防止公法对私法的过度干预，防止金融政策成为法院裁判的“法源”，若不属于法律明文规定的无效合同的情形，则应当认定合同的有效性。但是，由于金融机构的商事行为还需考虑合同的履行问题，当金融监管部门对金融机构的某类交易或者股权结构作出强制性规定，如将合同认定为有效，将会导致金融机构或其股东以违法接受监管部门行政处罚的代价而实施某类监管规章禁止的交易行为。质言之，法院裁判成为此类行为的合法性背书，造成违法成本过低，丧失监管规定本应具备的强制性管理功能，金融机构将投机取巧，通过承受违规代价而完成某项规范层面并不被允许的商事交易。

2. 金融监管体制设计缺憾

我国现行金融监管基本处于分业监管状态，其中，多依赖机构审批设立来确立各自的监管范围，监管机构“各扫门前雪”。伴随互联网金融的发展，部分互联网平台从事庞氏骗局；地方政府因为较少涉及互联网金融领域，管理乏力。金融监管部门没有审批设立权限，缺乏监管动力。公安部门则顾忌金融属于专业领域，如没有受害者报案，也难以及时介入，采取有效行动阻止违法活动。

相较于正规金融渠道，我国民间金融领域受社会不稳定因素的影响较大。虽然在如何避免或减少系统性风险方面，各个地方都在实践中积累了具有地方特色的防范经验，但是还远没有形成有效机制，实在难以对民间金融领域运行和发展过程中可能出现的违法犯罪行为进行有力的防控和监管。[1]2007年，国务院批准设立了中国证监会稽查总队，发改委、公安部、银监会、人民银行等18个部门参与出席，银监会是部级联席会议的“领头羊”。但是从上到下，从中央到地方，从整体到局部，从宏观到微观，我国在金融领域方面还未完全搭建起有效的监管体系。此外，我国现有金融监管的开展，主要依托于分业监管原则和地方监管原则的指导；然而，互联网金融的迅速兴起，直接冲击着金融领域的分业监管原则，使其面临着前所未有的挑战。就民间金融而言，尽管我国对各类民间金融机构都明确了相应的监管部门，但监管权能过于分散，同时又存在监管重叠和监管手段单一的问题。此外，现行的金融监管制度还存在一些不足，无法有效发挥监管之作用。

此外，当前我国针对民间金融监管的法律法规还不完善，各地区没有针对民间金融的发展特点、运作方式、作用机理以及相关服务和标准等制定相应的法律、法规、政策；因此导致民间金融的发展存在放任自由的现象，对其监管也大都停留在表面上，难以实现有法可依、有法必依。由于缺乏完善的法律法规作为支撑，再加上大数据时代的推动，民间金融近年来野蛮式发展；而各地对其监管也大都浅尝辄止，难以实现对大数据背景下民间金融的全面有效监管，甚至会埋下金融风险的潜在隐患。

传统模式对民间金融监管的主要方式是现场检查；所以监管决策往往是在发生风险之后才作出，监管常常处于被动状态，难以实现对风险的有效预防和控制。也就是说，大数据信息技术并未在民间金融领域实现普遍应用，因此，现行的监管制度难以对民间金融的各项资金流动实现实时的动态监督。[2]民间金融监管缺乏相应的数据支持，直接增加了对民间

---

〔1〕 参见徐彩芊、董玉霞：《浅析我国民间金融的风险及对策》，2012年3月26日中国上海工程和商业管理国际学术会议论文。

〔2〕 参见陈青青：《对我国民间金融监管缺位的思考》，载《时代金融》2011年第18期。

金融监管的难度。另外，各地区的民间金融发展情况各异，其所涉及的行业及可能存在的风险隐患也各有不同，风险发生的概率及造成的损失也存在较大差异；所以各地难以采取统一的监管策略，进而使得民间金融监管所面临的难度不断增大。

民间金融的发展具有一定的隐秘性，对其监管需要充分发挥各方面的力量，单纯依赖于监管机构无法实现有效监管，而大数据时代的到来也对监管机构提出了更高的监管要求。〔1〕当前在对民间金融监管过程中还缺乏完善的监管机制。在监管主体方面，主要是由政府及相关被授权的金融监管部门实施，社会多元化的监督主体参与度较低，而其他金融机构也难以参与其中，造成监管主体的单一性。在监管渠道方面，现场调查和举证是较为常见的方式，监管缺乏全方位的调查渠道，不利于发挥监管实效。同时监管机制也没有顺应大数据时代的发展需要而进行变革和完善，进一步降低了对民间金融的监管成效，限制了可持续发展能力。

二、民间金融穿透式监管的语素解构

穿透式监管是针对民间金融监管的现状和困境而提出的一种新的监管方法论。2016 年国务院办公厅印发的《互联网金融风险专项整治工作实施方案》(以下简称《实施方案》)首次将穿透式监管引进我国。〔2〕《实施方案》提出在“当前互联网金融主要风险领域”采取“穿透式”监管方法，尤其针对“通过互联网开展资产管理及跨界从事金融业务”，要采取“穿

〔1〕 参见刘洋:《大数据背景下民间金融监管策略研究》，载《商业经济》2020 年第 10 期。

〔2〕《互联网金融风险专项整治工作实施方案》规定：要立足实践，研究解决互联网金融领域暴露出的金融监管体制不适应等问题，需要强化功能监管和综合监管，抓紧明确跨界、交叉型互联网金融产品的“穿透式”监管规则。

透式”监管方法来认定业务的本质属性、执行对产品的相应监管、穿透全流程信息。《实施方案》的出台虽给穿透式监管一个登台露面的机会，但方案本身仅具有政策指导性，导致穿透式监管目前并无官方的权威认定。何为“穿透式监管”？何为“穿透”？又穿透哪些对象进行金融监管？成为理论界与实务界讨论的热点话题。

（一）穿透式监管内涵的界定

主流观点认为，穿透式监管是指透过金融产品的表面形态，看清金融业务和行为的实质，将资金来源、中间环节与最终投向穿透连接起来，按照“实质重于形式”的原则甄别金融业务和行为的性质，根据产品功能、业务性质和法律属性明确监管主体和使用规则，对金融机构的业务和行为实施全流程监管。〔1〕

伴随市场经济的繁荣，民间金融市场日益繁荣发展，民间借贷的具体手段、方式、契约结构花样百出，互联网金融业呈现一片欣欣向荣之势：民间金融之下的各个子领域之间的壁垒已被打破，这表明市场环境早已由分业经营转变为混业经营。分业监管存在的前提条件已经消失；穿透式监管利用实质重于形式的原则穿透行业壁垒，穿透各类金融主体，逐渐成为今日民间金融市场监管的主力军。

虽然穿透式监管为我国独创的一种监管模式，但几十年前便有发达国家创造出穿透式技术，并将其运用于经济领域。国外将“穿透”称为“the Look-Through”，〔2〕是一种描述性用语，具体含义尚不是很清晰。在国外的相关研究中，有时会将“Look-Through”与“Approach”或者

---

〔1〕 参见杜佳佳:《金融领域穿透式监管探析：制度源起与适用前瞻》，载《西南金融》2019 年第 2 期。

〔2〕 在学术界，也有学者将其翻译为“看穿”或者“透视”。

“Provision”一起使用，却几乎没有见过将其与“Supervision”（监管）一并使用的情形。在外国的立法规定中，也未曾见将“穿透式监管”作为一种法律概念予以规定的情况。

当“Look-Through”（穿透）与“Approach”（方法）结合使用时，“穿透”便指发现事实本质的方法，而并非发现事实本身。在维基百科中，“Look-Through Approach”（穿透式方法）被解释为：确定证券交易中证券权利之冲突法规则的方法和方式，并认为“Look-Through”是在证券交易中适用“物之所有权”标准的具体方法。[1]由于动产和不动产都有确定的物理存在，采用“物之所在地”原则，便可以确定动产和不动产物权应当适用的法律。然而，证券权利毕竟不同于动产和不动产。如果对证券的物权仍然采用传统的“物之所在地法”（证券所在地），那么如何确定“物之所在地”必然成为一个疑难问题。尤其是在证券进行跨境交易中，当证券发行人和投资者不属于同一个国家时，境外投资者便需要通过多个层级的中介人，才能够实现对本国证券享有的物权。为了解决这一难题，我国《涉外民事关系法律适用法》第39条规定：有价证券适用证券权利实现地，或者其他与该有价证券有最密切关系的法律。虽该法条中“证券权利实现地”的含义仍不是很清晰，但是，通过采用“穿透式方法”，便可以相对合理地确认“证券权利实现地”的所在，从而进一步确定证券权利应当适用的法律。就此而言，国外提出的“穿透式方法”主要适用于证券的跨境持有和交易，是一种识别“证券权利实现地”的技术手段。

而当“Look-Through”与“Provision”（规则）结合使用时，可将其译为“穿透条款”“穿透规则”等，其含义是旨在发现事物本质、实现

〔1〕 参见维基百科“Look-Through Approach”词条解释，载 https://en.wikipedia.org/wiki/Look-through_approach，最后访问日期：2021年8月11日。

特定规范目的的法律条款。在美国的证券法历史领域中,《1940年投资公司法》(Investment Company Act of 1940)和《1940年投资顾问法》(Investment Advisers Act of 1940)均出现过"Look-Through Provision"。美国《1940年投资公司法》规定非实业机构投资者拥有私募基金10%以上具有投票权的证券时,该机构投资者的股东也被视为私募基金的受益人,受到受益人不得超过100人之限制;这一条规定被明确标注为"Look-Through Provision"。《1940年投资顾问法》原本并未直接采用"Look-Through Provision"的术语,只是规定投资顾问若在过去12个月内服务的客户少于15名时,可免于向证监会注册;重申了"Look-Through Provision",即在计算客户人数时,不再将1只基金算作1个客户,而是把基金投资者都列为客户,从而大大限缩了豁免注册的范围。[1]

总之,国外证券立法上所称的"Look-Through",既可以指一种发现事物本质的技术手段,也可以指规定"穿透"内容的具体法律规范。但"Look-Through"规则的适用范围是非常有限的,并且没有有力证据能够证明"Look-Through"已成为外国证券法上的一般概念,也没有发现国外存在明确采用"穿透式"监管的情形。

在我国,自穿透式监管理念被正式提出,银保监会、证监会等金融监管部门均出台相应的规章制度,穿透式监管理念被应用于行政执法领域,穿透式监管与行政裁量权之间的关系成为研究的热点。[2]但是随着更加强调系统性风险的防范,以及金融法庭的展开,穿透式监管逐渐从行政裁

〔1〕 参见苟文均:《穿透式监管与资产管理》,载《中国金融》2017年第8期。

〔2〕 参见叶林、吴烨:《金融市场的"穿透式"监管论纲》,载《法学》2017年第12期。

量领域延伸至司法审判领域。[1]“穿透”已经不似国外起初使用的技术手段的色彩，而更多地将其融入各类法律文件中，透过形式看到金融市场的实质，实现监管目的。

（二）穿透式监管的具体对象

虽然境外并未针对穿透式监管进行规定，但穿透式方法还是为我国的穿透式监管落地提供了许多思路。国外法律中的“穿透”大多属于产品监管中的定性判断，如前面提到的美国《1940 年投资公司法》的“Look-Through Provision”（穿透规则）。该规定旨在防止对投资者人数及资格限制的恶意规避，不仅出于防范风险的考虑，有时还适用于征税的需求；然而该规定仅是针对最终投资者的穿透，并没有涉及资金来源与流向的穿透。

在我国，无论是《实施方案》对穿透式监管的规定，还是后续各部门针对“穿透式监管”出台的规定，都表明我国的穿透式监管对象涉及主体、行为和客体三个层面。抑或至少包括两个层面的穿透：一是资产端的“穿透”，即穿透嵌套的交易结构和通道安排，指向投资的底层资产，明确资金流向，识别底层资产是否符合特定资产管理的监管规定，诸如信用风险、流动性风险等是否经过适当评估，资金流向是否符合国家产业政策和监管政策（政策风险）；二是资金端的“穿透”，即穿透识别实际投资人资质和数量是否符合相关监管规定，穿透识别最终风险收益承担者，防止风险承担和资产类别错配，明确区分公募和私募，防止私募产品公众化。具体而言，我国的穿透式监管对象应当表现为以下几个方面：

〔1〕 参见黎业明：《穿透式金融监管——价值冲突与边界厘定》，载《中共南昌市委党校学报》2019 年第 1 期。

1. 对主体的"穿透"

所谓对主体的穿透，是指对人的"穿透"，即透过名义上当事人之表象，发现其背后的实质当事人，甚至一直追溯至最终当事人，并将适用于名义当事人的相关规则，一并适用于实质乃至最终当事人。在主体穿透中，通过穿透权利人可以确定最终的利益归属；通过穿透义务人，则可以确定利益效果的最终归属。正规金融市场的主体穿透路径主要通过以下三个层面予以实现：

第一，证券"名义持有人"的主体穿透，主要反映在QFII（合格境外投资者）制度下之境外投资者的"名义持有"现象中。[1]为了提升市场透明度，满足境外投资者的投资需求，证监会已允许"名义持有人"开立证券账户，规定"证券应当记录在证券持有人本人的证券账户内，但依据法律、行政法规和中国证监会的规定，证券记录在名义持有人证券账户内的，从其规定"，"证券登记结算机构为依法履行职责，可以要求名义持有人提供其名下证券权益拥有人的相关资料"，[2]从而形成了证券间接持有或者中介人持有的模式。[3]

第二，对证券发行中的主体穿透，主要集中在"双200"人数规则中。股份有限公司发起人不得超过200人；股份有限公司向特定对象发行证券累计超过200人的，为公开发行。对于该"双200"的人数标准，证监会采用"合并计算"的做法，即股份有限公司发起人和募集对象累加不得

〔1〕 早期开放QFII投资以前，我国境内上市公司在向境外投资者配售B股或H股股票时，亦是将股票记载于境外机构投资者名下，而不是记载在实际出资人名下，上市公司并不知晓实际出资人的信息，从而构成了"名义持有人"持有B股和H股的现象。

〔2〕 参见中国证监会《证券登记结算管理办法》第18条。

〔3〕 证券间接持有和中介持有，是指将实际投资人的证券记载于中介人或中介机构名下，中介人或者中介机构是证券的名义持有人，实际投资人是证券的实际受益人。通常而言，中介持有系法律文件上的术语，间接持有主要是学术术语，两者的实质含义相同。

超过 200 人。[1]

第三,“配股”和定向增发等新股发行也体现了主体穿透的监管思路。实践中,定向增发的外部投资者身份需要穿透到最后层级的自然人、国有资产管理部门和上市公司。在上市公司资产重组通常采用的“资产交易 + 新股发行”形式中,也涉及定向增发股票,因而亦适用主体穿透规则。

民间金融市场针对主体的穿透或许更为简单一点,集中在放贷人与集资人的身上。针对放贷人,首先应当明确放贷人的放贷资格,然后根据放贷资格标准去审查放贷人实质放贷的能力、资金来源等。针对集资人,根据我国民间金融现状,大多数集资人的目的主要在于放贷或者投资其他项目,赚取利息、分红等利益,这就需要严格审查监管集资人的集资款流向。

2. 对产品属性的“穿透”

相较于主体穿透,对产品属性的穿透更为复杂。在正规金融领域,产品穿透主要是指不顾金融产品所用之名,穿透产品的表象,认定金融产品的实质属性,进而决定应当适用的法律并实施监管(包括公募、私募等发行方式的穿透)。在民间金融领域,对产品属性的穿透实质也是一样的。当今的民间借贷多用于投资领域,产品属性的穿透是必要的,同时也是极具挑战性的,难免会涉及金融监管机构的监管权配置问题。以阿里巴巴公司推出的“娱乐宝”投资性保险为例,其所融资金用来投资于包括电影等在内的娱乐产业项目。在现行分业监管模式下,投资性保险系特殊的

[1] 参见《公司法》第 78 条、《证券法》第 10 条。

保险产品，属于保监会监管的对象；但投连保险[1]带有明显的投资属性，几乎不具备保险的保障功能。因而，在穿透产品属性时，金融监管机构不得不判定投连险究竟是“保险”抑或“证券”。

3. 对嵌套层级的“穿透”

嵌套层级的“穿透”是混合了主体穿透与产品属性穿透因素的另类穿透，主要是指对层层嵌套的交易结构的不断剥离与穿透。然而，在嵌套层级“穿透”上，无论是主体还是产品都面临是否需要穿透至最后一层的疑问。金融交易结构中涉及信息的交织或叠加，任何穿透都要斟酌穿透的合理性和有效性。现实社会中，行为人既有沿用传统模式的做法，也有不满足于传统模式而追求创新模式，创新的最典型形式就是本质上结构复杂而形式上看似简单的交易模式。

所谓复杂的交易结构旨在管理风险，而简单的形式旨在吸引投资；就此，监管关注的重点应当是嵌套层级的穿透边界。随着金融创新的步伐加快，基于金融工程学而设计的结构化金融产品之交易结构越发复杂，嵌套结构中常常挂钩衍生工具。在进行层级穿透时，至少应当斟酌两方面因素：其一，在目的上，层级穿透旨在发现市场操纵等不当交易行为，防止通过嵌套结构从事各种不当套利行为，“穿透式”监管不宜无度地适用于各种场合；其二，在成本上，层级穿透时要综合考虑穿透成本，是否需要穿透至最后层级的主体或者产品，要充分考虑监管成本与监管收益之间的关系，不惜成本的监管不仅耗时费力，而且可能限制金融创新。总之，我们需要明白，穿透式监管当前并非一个我国法律层面上的概念，更多是在政策的层面上使用；各部门能够围绕这个政策理念，制定具体的规

〔1〕 投资连结保险，简称投连保险，也称单位连结（unit-linked）、证券连结（equity-linked）、变额寿险（variable life）。投资连结保险顾名思义就是保险与投资挂钩的保险，是指一份保单在提供人寿保险时，在任何时刻的价值是根据其投资基金在当时的投资表现来决定的。

则，实现有效监管，为我国持续发展的经济提供有力的制度保障。

三、民间金融穿透式监管的理论溯源

（一）市场失灵与政府干预理论

在现代市场经济条件下，政府与市场的理想关系应当是：市场应在资源配置中发挥决定性作用，市场通常是促进资源优化配置的较好方式；政府应正当、谦抑、理性地发挥作用，政府的引导和干预则在某些特定情形下有助于治理市场失灵。[1]在市场失灵的各类情境中，市场的不完备、不充分构成是造成市场失灵的重要情形，从而为政府干预提供了正当性基础。

在金融市场领域，不完备法律理论的提出更有助于理解金融市场的失灵现象以及法治为此所面临的困境。不完备法律理论是由德国学者卡塔琳娜和伦敦经济学院许成钢教授提出的，[2]该理论认为法律制度的不完善正是监管权产生的基础。对于高效多变的金融市场，尤其是对于互联网金融市场来说，法律并不处于优势地位。[3]以互联网金融为例，一方面，互联网金融市场的创新速度过快，导致新问题层出不穷，而法律的滞后性使事先确立的法律法规无法对这些新型问题进行及时有效的调整；另一方面，在复杂多变的互联网金融领域里，利益是首要目标，正因如此，互联网金融产品为达牟利之目的往往会尝试做出突破现有法律法规

〔1〕　参见刘大洪、段宏磊：《谦抑性视野中经济法理论体系的重构》，载《法商研究》2014年第6期。

〔2〕　参见［德］卡塔琳娜·皮斯托：《不完备法律：一种概念性分析框架及其在金融市场监管发展中的应用》，徐成钢译，载吴敬琏主编：《比较》（第3期），经济出版社2002年版。

〔3〕　参见章琎：《互联网金融市场监管法律探析》，载《市场研究》2019年第5期。

的行为，但法律本身所固有的滞后性无法对金融违法犯罪产生足够的威慑力，当面对巨额利润的诱惑时，行为人犯罪的心理成本会大大降低。法院要在相关金融交易被起诉后才进行相关的审理，司法的被动性使得打击金融犯罪的时效性受到严重的挑战。[1]但是如果不及时地制止金融犯罪，将会导致金融风险进一步增加，严重危害国家经济安全。正是由于这些原因，在面对金融监管这一特殊的社会行为时，立法机关需要将一部分立法权与执法权交给监管部门独立行使。我国目前正处在深化经济改革之期，金融体系与金融法律体系也正在不断强化深入；但不可否认的是，我国目前的金融司法执法水平相较西方发达国家还有不小的差距。正因如此，我国赋予了各个金融监管机构强大的监管权力，用行政监管来弥补司法裁判的缺失。

市场通常是解决问题有力的手段，但完美市场的实现通常是需要条件和代价的。根据新古典经济学派学者阿罗·德布鲁的模型，完美市场条件包括三个主要假设：完备信息、市场主体完全理性、零交易成本。而现实中的市场都存在种种不完美，故而数百年来，许多经济学家致力于对市场的不完美因素开展研究。其中进行非完备信息剖析的方向发展为博弈论和信息经济学，质疑理性人假设的方向成长为行为经济学，思考如何降低交易成本的方向演变为制度经济学。而作为一种治理市场失灵的思维范式，穿透式监管理念的诞生，也可以从市场不完美因素及相关理论中找到依据：

第一，信息经济学的维度。各类金融产品中存在复杂的委托代理、信托及其他合同关系，信息透明度不足越发成为制约市场发展、影响市场信心的重要因素，提高信息披露质量与标准非常重要。在金融产品创新与

---

〔1〕 参见马啸晨：《互联网金融犯罪的管辖困境及应对》，载《经济研究导刊》2017 年第 22 期。

销售的过程中，融资方与金融机构本身占据了信息优势地位，投资者大多难以全面了解产品真实情况，也不具备与前两者进行博弈定价的实力。为了保证交易中各方的真实意思表达，保护作为弱势一方的金融消费者的知情权，政府或监管层只能对信息传递机制进行干预。穿透式监管逻辑在于试图打破复杂交易中信息传递的壁垒，从而实现市场公正透明的目标。

第二，行为经济学的维度。金融市场中，投资者的认知能力、从众行为、对自己投资技能的过度自信以及部分投资者的赌徒心理等造成了交易的非理性现状。[1]但人们的偏好具有"风险厌恶"的基本特性，[2]大规模风险下，人们倾向于降低消费风险和减少不确定性的活动。打破资管产品刚性兑付的同时，通过基础资产的监管穿透进行真实信息与核心风险揭示，无论是理性投资者还是不那么理性的投资者都会选择趋利避害，使市场更为健康地运行。

第三，制度经济学的维度。金融产品定价难免受到人性与交易环境因素交互作用下产生的交易成本的影响，其中跨市场的产品、经过多层嵌套与通道处理的产品以及多种法律关系交织的复杂产品的设计、销售、运行过程中，交易成本数量更可观，形式也更隐蔽；除正常的信息、议价、决策、监督成本外，还难免存在有限理性、投机主义行为等不合理交易成本。穿透式监管有助于发现这些复杂的交易成本，并通过其他监管措施减少不合理的部分。

---

〔1〕 参见［美］罗伯特·希勒：《新金融秩序：如何应对不确定的金融风险》，束宇译，中信出版社2014年版，第130页。

〔2〕 参见［美］奥利弗·E.威廉姆森：《治理机制》，王健等译，机械工业出版社2016年版，第27页。

（二）金融创新与公共规制理论

在金融领域，创新的重要驱动力之一是规避已有的公共规制（Regulation）体系。作为国民经济的重要组成部分，金融对实体经济的资金需求、融通和流动发挥着重要作用；也正因如此，金融业通常被认为有可能诱发重要的系统性风险，进而成为公共规制体系重点关注的目标。为了规避现有的监管要求，金融机构往往会倾向于推出一些结构复杂、信息不透明的金融产品和业务模式，这便加剧了监管难度。〔1〕当然，公共规制体系显然也不会坐以待毙，待对新的创新性金融产品予以精准地识别和研判后，也会对金融机构施加新的规制要求。在这样的环境下，金融领域经常呈现"以创新规避规制—以新的规制应对规避—以新的创新规避新规制"的循环往复的发展范式。甚至可以毫不夸张地说，在很多场合下，金融创新的第一驱动力可能不是效率，而是对规制予以周期式规避的套利激励。

近年来，我国金融混业经营的现象日益突出，互联网金融业迅速发展，金融创新的速度、强度均有所提高；在这一背景下，针对金融市场的公共规制难度也在不断加大，公共规制越发难以准确地识别、发现和应对金融创新所产生的新风险、新问题、新挑战。在此背景下，穿透式监管的引入有利于解决当前公共规制所面临的应对金融创新之难。穿透式监管的实质是发现问题；因而面对金融创新越来越快的形势，如何发现金融监管中存在的问题，并寻求适当的监管方法与手段，将有利于进一步规范我国金融市场。可见，只有合理正当的金融监管手段，才能真正适合我国当

---

〔1〕 参见常健：《论"穿透式"监管与我国金融监管的制度变革》，载《华中科技大学学报（社会科学版）》2019年第1期。

今的金融行业。

作为一种公共规制范式，金融监管手段离不开相关法律对金融交易调整的干涉，而法治运行的各个环节都免不了对相应法律价值作出判断与取舍。譬如，立法主体需要通过价值判断对法律进行制定、修订；司法机关需要对事实与行为进行界定，此时往往涉及法律解释，而法律解释的运用则离不开对法律价值的判断；执法主体在执法的过程中，其行政自由裁量权基本是基于价值判断与价值推理的行政法上的合理原则以及比例原则进行。由此可见，检验某一金融监管手段是否合理正当，需要考察其是否符合金融法律制度的价值追求。

既然制定法律离不开价值这一基石，那么制定金融法律也必然及于此。因此，如何理性把握金融监管法律实践中的价值判断，选用什么样的法律价值指导法律实践应当成为探讨的重点。法律的价值逻辑，是指运用价值逻辑对法律相关的价值问题与价值现象做实质层面上的研究，是价值研究在法律层面上的特殊运用。根据法律的价值逻辑，法律价值是一种人文现象，其逻辑是主体的逻辑。任何法律都是对行为的规范，而行为是由行为主体自身的逻辑所导致的；故而法律的价值就必须在一定程度上符合主体的行为价值，易被行为主体所接受。但是，主体对法律价值并不是片面的赞同或反对，而是通过一定的论证来确定不同法律价值“度”的范围。金融机构具有营利性，那么利益最大化必定是其追求的一个目标，而要达到这一目标则需提高效率。基于此，金融监管法律需要在“正义、公平、秩序”〔1〕的前提下保障金融交易的效率及效益，其追求的是金融“公平、安全、效率”的三元价值论。在市场经济制度下，效率与效

〔1〕 参见王志鹏、龙海明、李佳珂：《互联网金融监管的法经济学思考》，载《财经理论与实践》2017年第4期。

益是金融业的本质追求，而互联网金融的出现可以在某种程度上进一步印证这一事实。因而，与金融相关的法律法规，尤其是针对互联网金融的法律法规，在本质上并不能违背金融主体对效率与效益的追求，效率与效益也应是金融立法追求的目标。由此我们可以得出一个结论，金融监管乃至于互联网金融监管本质上追求的是效率与效益的最大化，扫除一切妨害这一目标实现的障碍。从法经济学角度分析，在金融法律监管上并不是单一地追求“正义、公平”这种传统的法律价值，而是在此基础上以效率与效益为更重要的价值追求目标。金融的本质就是对效率的追求，无论是传统金融还是互联网金融，这一点是保持不变的；故而不论金融市场如何演变、金融创新如何发展，效率永远是金融法以及金融监管法律规范所追求的第一位价值。

金融行业依托于效率去追求利益，而金融监管法律却同时有公平与效率两个价值目标。正因如此，在当前及未来的法律适用及发展中，如何对金融行业所追求的价值目标进行保护？是否存在优先保护的问题？如果存在，那么“正义、秩序”与“效率、效益”二者之间何者更具优先性？如此种种，都是金融监管中必须予以回应的必答题。

我们必须清醒地意识到我国现行的金融监管体系暂时还无法同时实现金融行业所追求的两个价值目标，且金融行业本身是要在相对自由的市场经济环境中发展的；公权力的过多介入并不合适，但现行以公平正义为重的金融监管目标存在阻碍金融行业创新发展之嫌。譬如，为了保障金融行业的公平和维护金融秩序，避免金融风险的过分扩大，我国主要通过压制金融创新来进行监管。而这种压制对于传统金融而言是有效的，却不利于互联网金融创新的发展；如果继续为了管控金融风险片面地压制创新，必然会对我国的经济发展造成严重影响。

诚然，互联网金融因其创新而导致一系列暴雷事件出现，若不加强公共规制，恐怕会增加金融市场系统性风险，进而影响效率与效益。〔1〕但此种暴雷事件出现的背后，恰恰也反映出现行我国金融监管存在立法价值与金融行业自身价值不一致的问题。对于金融行业的监管，监管机关为了维护金融市场的和谐稳定，片面地寻求“公平与秩序”，妨碍了金融主体特别是互联网金融主体对“效率与效益”价值的追求。但是由于金融监管法律自身就蕴含“公平与秩序”，因此这两种不同法律价值的“度”需要进行充分考虑。正因如此，无论是传统金融，还是互联网金融，在监管方面都需要一种更为灵活、有效的监管制度。一方面这种制度需要严格控制创新，以最大程度降低金融风险出现的概率；另一方面又不能过度无效压制，进而打击传统金融及互联网金融创新的积极性。虽然金融行业的“效率、效益”价值在法律上更需要优先保护，但金融监管也要尽可能让其在公平、秩序与效率、效益之间保持适度平衡的状态，以推动金融行业的良性发展。

在现代金融行业蓬勃发展的当下，以片面压制的公共规制手段监管金融创新以降低金融风险扩大的可能性是不合时宜的。这种片面压制的方式所具备的监管滞后性无法对处于分业向混业经营阶段过渡的金融行业进行有效监管。就现行金融监管现状而言，情势不容乐观；而穿透式监管的重心在金融产品本身，对真实交易主体以及资金来源与流向的全穿透，这样的监管方式既有利于避免监管机构监管权力不足的问题，又能最大限度地降低监管机构之间协调合作的成本，进而有效减少监管套利与监管空白的发生。〔2〕在金融行业监管方面，若能实现穿透式监管，那么监管部门便可以及时发现异常情况，提高监管的有效性；而这也使监管部门

〔1〕 参见蒋玥：《由 P2P 爆雷事件反思互联网金融的监管漏洞》，载《现代营销（经营版）》2019 年第 2 期。

〔2〕 参见杨新兰：《反思监管套利与监管改进》，载《中国银行业》2018 年第 2 期。

减少对金融创新所带来的金融风险的焦虑，将金融创新交还给市场主体。对于金融创新本身而言，穿透式监管对真正有价值的金融创新并不会产生阻碍，也有利于金融主体通过金融创新实现对“效率和效益”的追求，同时能对市场上的违规操作行为发挥打击作用，保证竞争的公平性。可以说，在穿透式监管范式的影响下，针对金融领域的公共规制框架有利于在优先保护“效率、效益”价值的前提下，努力兼顾公平、秩序的金融监管所追求的法律价值目标，使金融监管法律价值达到内部平衡。

（三）微观审慎与宏观审慎理论

在金融监管的理论与实践中，宏观审慎监管与微观审慎监管一直是一对常被共同提及的理念和目标体系。整体而言，金融领域的监管通常包含“宏观审慎”和“微观审慎”两类目标体系：宏观审慎以减少金融危机对经济稳定产生影响为政策目标，着眼于防范整个金融体系的系统性风险；微观审慎以保护消费者为政策目标，着眼于防范单个金融机构的个体性风险。二者目标相辅相成，政策效果也相互依赖。〔1〕在2008年美国金融危机前，整体金融监管体制以增进微观审慎监管为主，但金融领域也并非不存在宏观经济政策；只不过，这些政策更偏重于货币、贸易相应领域，对在监管层面防范系统性金融风险的关注度不够。而在金融危机后，金融体系系统性风险的问题不断凸显，对宏观审慎监管的重视程度日渐提高。〔2〕宏观审慎监管需要监管工具的创新，主要包括构建风险预警机制、创新逆周期监管工具及改革最后贷款人制度等。〔3〕在实践中，不同国

---

〔1〕 参见熊婉婷：《宏观审慎与微观审慎协调的国际经验及启示》，载《国际经济评论》2021年第5期。

〔2〕 参见刘志超：《论我国宏观审慎监管与微观审慎监管协调机制》，载《华北金融》2015年第8期。

〔3〕 参见闫海：《后金融危机时代的宏观审慎监管工具创新》，载《财经科学》2010年第10期。

家通常设置不同的机构或部门分别处理微观审慎监管与宏观审慎监管的相关问题；为了能充分地调和二者，就有必要进行政策目标、权责关系和监管工具方面的协调。

穿透式监管中的“穿透”是发现事实的手段，并非监管的目的，亦非监管本身。在金融监管操作流程中，穿透式方法扮演着前置工具的角色，为后续的行政许可、行政处罚等提供依据。由于其不同于一般的检查与监督手段，对其特殊的工具属性应当有导向性的认识。概言之，“穿透”是在金融监管从严背景下，在方法论意义上促进宏观审慎监管与微观审慎监管融合的重要方式。〔1〕金融危机对经济的巨大破坏具有系统性和国际性，需要构建金融安全大坝来抵御本轮危机余波，防范再度袭来的危机，故须高度重视金融监管。同时，我国金融业也需要在严监管之下回归为实体经济服务的本源。

小微企业、绿色经济、科技成果转化、产业升级等领域是新常态经济发展的重要战略环节，但也是融资与风险管理的薄弱环节；需要通过不断的金融创新满足其融资需求，而这些领域极容易产生风险从微观向宏观的“传导”。资本的逐利性决定了更多的金融创新与资源涌向了房地产投资、过于复杂的金融衍生产品等短期回报高、带有金融体系自我循环意味的金融活动。这些活动不仅可能带来“泡沫”，威胁金融安全，还可能减少原本应服务于实体经济的金融资源，影响国民经济发展，需要通过监管改革对过度脱离实体需要的自我金融创新与自我循环进行抑制。这些都体现了市场对“强监管”的需求。然而仅仅依靠监管部门不断开出罚单，督促金融机构规范运行并不是“强监管”的全部内容；在合法合规的

〔1〕 参见白牧蓉：《穿透式监管的理论探讨与制度检视——私主体权利实现的视角》，载《兰州大学学报（社会科学版）》2020年第3期。

微观监管基础上，还需加强宏观审慎管理。通过穿透方式对金融活动进行“尽职调查”式的事实发现，既能对个体行为的合规性进行掌控，又能为后续监管措施的适用及宏观政策制定实施提供依据。

通过穿透式监管，在风险层面，我们得以有效地平衡宏观审慎与微观审慎问题；在价值意义上，我们得以有效地协调金融创新的效率与安全；而在法治意义上，这也意味着衔接了金融监管公法与私法规范。在私法层面，金融契约所关涉的法律主体主要是微观的，可以按照权利与收益配置方式归类为权益型、债务型、衍生型和混合型合同，其主要处理的是合同相对人之间的关系；而在公法层面，这些契约不同于一般合同，显著的外部性与金融所具备的社会公共产品的特性，决定了其约定内容必须符合金融法中对主体资格、发行、定价、交易、支付清算、结算等方面的制度规定，而穿透式监管可以作为公权力干预保障金融契约公平性的信息渠道。

由于“穿透”具有以上工具属性，我们很容易被对象性、功利性、无限扩张性等思维方式引导，〔1〕将穿透作为一种无所不能的方法进行运用，从而实现监管者主观希望实现的任何目的。近期各监管机构制定的一系列“穿透”规则，让学者与实务界人士产生了穿透式监管被滥用的担忧。实际上，扩张解释与滥用的可能性本质上是过于强调工具理性的结果；立法者、监管者忽视了穿透应当具备或追求的价值，工具或手段能够实现诸多目标，却难以自证其价值合理性，便需要理论赋予其价值理性，需要制度设计实现其应有价值追求。

结合我国的市场环境与金融监管实践，穿透在监管理念中的体现应当遵循两方面的价值理性，可以将其抽象概括为宏观审慎层面的“安全”

〔1〕 参见侯纯:《科技法的人文关怀》，载《科技与法律》2009 年第 1 期。

问题与微观审慎层面的“效率”问题，安全是穿透式监管最重要的价值追求。从赋权角度看，高风险产品被包装为低风险产品，大量投资者签订了不公平合同导致权益受损，就意味着本该由合格投资者承担的风险流向了普通投资者。金融危机产生的一个重要原因就是许多投资者购买了超出其风险识别和承受能力的复杂金融产品。高风险领域往往不缺少投资者适当性规制的规定，但嵌套和包装掩藏了风险，使投资者适当性原则难以落实。通过穿透方式进行监管安排，保护投资者的知情权从而保护其财产权益，也是市场安全的保障方式。从限权角度看，行政力量对穿透披露及核查的要求必须受到限制。当前的监管从严环境也存在因上位法和制度基础的缺失造成监管随意的弊病，可能引发新的风险。

效率则是穿透式监管必须接受的价值约束。首先出于金融包容的理念，穿透式监管的结果很可能是风险被控制住了，却极大地损害了效率。〔1〕不确定性本就是金融的核心，将风险进行合理分配，由不同类型主体承担与其能力相契合的风险，这是金融市场的应然状态。金融创新的确带来了新的问题，但也会提高金融的效率，尤其能够满足金融抑制环境下各类主体的投融资需求。谨慎有利于防控风险，但过于谨慎则会对金融创新与金融效率产生不利影响。如果对任何金融活动都通过穿透方式进行核查，试图让金融风险达到完全可控的状态，将会严重阻碍金融现代化进程。其次从成本效益方面考量，穿透规则的适用固然有利于在复杂产品交易中实现投资者权益保护与风险防控，但必须考虑可能花费的巨大成本，衡量成本效益比例关系，限制行政权力与司法权力的自由裁量，保证应有交易效率，将穿透内容与目标范围予以明确，并采用技术手段节

---

〔1〕观点源于吴晓求教授在 2018 年 7 月 13 日“金融改革发展与现代金融体系”研讨会暨国务院参事室金融研究中心 2018 年上半年金融分析会上的演讲。参见人大重阳网，http://rdcy-sf.ruc.edu.cn/index.php? s=/Home/Index/news_cont/id/48553.html，最后访问日期：2021 年 8 月 11 日。

约成本。就此，英国金融监管当局提出了相应的递进关系，即一种实证分析方法，“即先分析特定监管领域是否存在市场失灵的问题从而需要监管机构的干预，再分析监管机构的干预能否产生最佳效果，最后通过对比监管规范制定和实施过程中的成本效益来决定采用原则或者规则的形式实施干预”。〔1〕

（四）外观主义与实质主义理论

1. 商事外观主义理论的内涵及其局限性

众所周知，经典的商法理论和制度体系是较为注重“外观主义”的。所谓外观主义，又称权利外观法则，是指在商事交易及其法律关系的处理中，主要赋予交易中外在表现形式以特定法律后果，而不深究客观真实状况，〔2〕即“以当事人行为之外观为准，而认定其行为所生之效果也”。〔3〕商事外观主义的内在理据为商法领域的效率主义和诚信原则。亦即，基于对商事主体及其商事行为效率的追求，有必要在商事规则设计上，确保商事交易的迅捷性和稳定性；而商事交易外在的表现形式易于识别，属于最为外在、清晰和易获得的交易信息。基于效率和诚信的双重追求，在交易相对人善良信赖的基础上，不论交易的真实客观情况如何，直接依照权利的外观推定其法律关系、法律性质和法律行为，是最为妥当的处理方式。“商事主体的专业性、计划性和知识性决定了其应当为自己的行为负责。商事活动的营利性决定了交易安全和效率的重要性，相对人的信赖利益保护的重要性不言而喻。”〔4〕

〔1〕 彭夯：《私募基金监管法律问题研究》，复旦大学出版社 2011 年版，第 125 页。

〔2〕 参见李延书：《论外观主义的理论基础与适用分析》，载《文化学刊》2021 年第 3 期。

〔3〕 参见张国键：《商事法论》，台北，三民书局 1981 年版，第 45 页。

〔4〕 张一铭：《商事外观主义适用的纬度裁量》，载《华北水利水电大学学报（社会科学版）》2020 年第 3 期。

但是，商法上的外观主义逻辑在现实商业社会的日常运作中，日渐展现出其所具备的一些局限性。这主要体现于如下两个方面：

其一，伴随社会经济的深度发展，尤其是近年来互联网、人工智能、大数据等技术的进步，商事交易的载体、形式、技术均日渐复杂化。换言之，当今社会经济运作的技术手段和深层逻辑，都更容易使商事交易的"外观"与"实质"呈现较大的背离与矛盾。在数字经济深度发展的背景下，电子商务、市场竞争和消费者保护等前沿性的法律问题所带来的挑战日益艰巨。[1]此时，如果再局限于"外观主义"的逻辑，草率地仅依照权利的外观去界定和规制商事行为，可能会造成显著的不公平现象，并对一些新生的社会经济问题丧失法律应有的回应性和针对性。

其二，在现代，商事领域的法律行为、法律关系可能均展现出一定的外部性，因而外观主义可能会诱发商事行为不同主体之间的不平等性，从而诱发法律规制的结构性问题。传统的商事法理论及其制度关注的主要是商事主体之间的商事行为和商事关系；此时，建立在效率原则上的外观主义是妥适的，毕竟商事交易双方均重视效率和迅捷，且均为具有一定的专业商事能力的成熟市场主体。但是，伴随市场经济的发展，日常交易和商事生活日趋普遍化、碎片化，在当代的商事交易关系中，经常面临交易双方主体地位显著不对等的情形。比如，某些商事交易的一方为成熟、强大的经营者，而另一方则为普通消费者，双方的辨别能力和技术能力呈现巨大差别。此时，如果僵硬地适用外观主义，对交易双方均只依照交易的外在形态予以考察，而忽略双方在辨别实质交易内容方面的能力差别，则是显著不公平的。

〔1〕 参见段宏磊：《数字经济反垄断背景下链接封禁行为的规制路径》，载《财会月刊》2021 年第 12 期。

在民间融资问题上，商事外观主义存在的上述两方面缺憾体现得淋漓尽致：一方面，技术的便利性大为提升了民间融资手段的多样化和快捷性，在消费主义浪潮下，各类契约条款复杂但又极易获得的借贷形式通过互联网深入到寻常百姓家中，借贷从未像当今这个社会如此便捷。另一方面，在如此便捷、可获得的借贷环境下，相较专业的民间融资组织方，普通公众识别借贷具体额度、利润和风险的能力却未有长进。此时，如果忽视民间金融背后可能存在的这种交易双方之间的结构性不对等，武断地依照外观主义的要求去审视借贷契约，则有可能造成对一般民事借贷主体的不公平。

2. 实质主义原则的界定及其功能定位

实质主义原则的全称是"实质重于形式"原则，它正是基于对商事外观主义所存在的上述缺憾予以反省、调适的结果。与外观主义原则源于商法上的效率原则不同，实质主义原则通常被认为源于经济法上的实质公正原则，亦即，在对市场经济进行干预时，要同时注重实现起点公平、交易公平和结果公平，确保公正的"三位一体化"。〔1〕"实质重于形式"原则最早是作为防止非法避税的税法原则，它主要是强调观察交易的实质而非仅仅根据交易外观来确定纳税人的实际纳税义务的原则。〔2〕不过，针对"实质重于形式"原则，目前并没有统一的解释，尤其是何为"实质"、何为"形式"也没有明确界定。一般而言，我们使用"形式"一词侧重于指一种"安排的法律形式"，而"实质"则侧重于意指"真正的本质"，实质重于形式的目的是防止被"虚假伪造的结构"迷惑。

"实质重于形式"适用的前提，是事物的实质与形式之间存在分离。

〔1〕参见刘大洪主编：《经济法》，中国人民大学出版社 2015 年版，第 8 页。

〔2〕See Edward J.Schnee, *Substance-Over-Form Doctrine: The Past, Present, and Recommended Future*, Journal of Taxation, Vol.127.Issue 2, 2017, p.82-83.

原属于某种特定性质的事物，却采用了另一种事物的通常表达形式，这种实质与形式的分离，可以称为性质上的分离。原属于不法之事物却采用了合法的表现形式，或者合法之事物却采用了不法的表现形式，这种实质与形式的分离，可称为适法性上的分离。实质与形式的分离，容易引起人们对于事物本质的错误认识。当事物的实质与形式之间存在重大差异时，依照某种表现形式而做出规范，其效果将明显地偏离依照其中之实质关系所产生的效果。执法者依照形式或表象予以裁判，或者舍弃形式而依据实质予以裁判，均将实际影响乃至决定当事人的权利义务关系。为了实现法律效果的确定性，当执法者偏离表象而依实质裁判时，通常要以法律作出授权为依据。

将“实质重于形式”原则引入金融市场监管，会面临诸多现实问题。以民间借贷这一传统的民间金融事项为例，早期的民间借贷多以熟人之间借贷方式出现；但随着社会的发展，民间借贷往复合型融资方向发展，如企业融资、中介融资等方式。这样的创新本身带有强烈的复合性：不仅包括不同市场的结合，也包括行业之间的整合，还包括不同金融商品之间的组合，从而呈现跨市场、跨行业、跨产品和跨法域的特点。同时，民间金融创新往往带有明显的结构性，即多项交易相互结合的整体交易，而不是双方买卖单一金融商品的简单交易。因而，贯彻“实质重于形式”原则不能仅从单一市场、行业、产品和交易的角度观察，还应当关注金融交易的整体性；既要避免仅因某个单一因素而否认交易的整体性，也要避免基于交易整体的考量而忽视个别交易环节的正当性。

金融法制上的“实质重于形式”与商法上的外观主义之间看似冲突，实则可以并存。严格而言，权利外观主要是私法规则，目的在于实现商事交易的快捷高效。“实质重于形式”，主要是公法尤其是监管法律的准则，主要目的是发现不法规避行为，进而消除不法规避行为的脱法效果。由此可见，外观法则注重私法效果和秩序，“实质重于形式”突出的是公法效果和秩序。私法秩序与公法秩序是相互影响的；一旦强调“实质重于形式”的公法监管，将或多或少地影响到外观法则规范之下的私法秩序。因此，当公权力介入金融市场和交易关系时，需要谨慎并受到边界的限制。〔1〕

第三节　民间金融穿透式监管的制度框架

一、民间金融穿透式监管的法治基础：多层次金融规范体系

民间金融穿透式监管以多层次的金融规范体系为法治基础，主要涉及三个层次：其一，在民法、商法、刑法等基础立法领域，我国对民间金融存在一系列基础性的立法规范，这为穿透式监管提供了基本法律渊源；其二，在监管体制上，我国当前成熟的金融监管体制为穿透式监管提供了体制性基础；其三，在具体政策依据上，我国已经出台了一系列有关穿透式金融监管的具体政策法规，这为穿透式监管的实施提供了可操作性依据。

（一）第一层次：我国民间金融的基本立法规范

目前我国在基础立法层面并未针对民间借贷设置专门的法律规定，有关民间借贷的法律规范散见于民法、商法、刑法等部门法的具体规定中。

1.《民法典》对民间借贷的规定

《民法典》合同编的第十二章借款合同中就有涉及民间借贷的相关

〔1〕 参见叶林、吴烨：《金融市场的“穿透式”监管论纲》，载《法学》2017年第12期。

规定。其中，第 680 条第 1 款明确规定了利率的问题："禁止高利放贷，借款的利率不得违反国家有关规定。"第 669 条规定了订立借款合同时，借款人应当按照贷款人的要求提供与借款有关的业务活动和财务状况的真实情况。这一规定暗含了民间借贷中关于借贷主体的信息保护的问题。《民法典》生效伊始，最高人民法院就颁布了一系列司法解释，其中就包括《最高人民法院关于审理民间借贷案件适用法律若干问题的规定》，其最大的亮点在于将 2015 年解释中的"两线三区"的利率保护范围修改为"不超过合同成立时一年期贷款市场报价利率四倍"即"不超过 LPR 的四倍"。

2. 商事规则方面对民间借贷的规定

中国人民银行颁布的《贷款通则》第 2 条对民间借贷活动中的贷款主体作出明确界定，第 21 条又规定了贷款人在从事经营性借贷行为时还需要获得人民银行审核颁发的金融机构许可证，而《银行法》则规定金融机构之间不可以进行借贷业务。但上述规定都是针对法律明确承认的贷款主体予以规制和监督，对于民间借贷中的主体则没有涉及。企业和自然人的借款问题是否有效、是否也能受到法律保护，以及不受法律等强制性规定认可的"民间放款组织"和自然人签订的借款合同是否有效？这些问题仍然需要继续研究。

3. 刑事法律对民间借贷的规定

我国《刑法》规定了擅自设立金融机构罪、非法吸收公众存款罪、集资诈骗罪、高利转贷罪等四项罪名来调整市场经济活动中的借贷行为，这说明刑法已经明确确认民间借贷有不可逾越的法律红线和底线。但在司法实践中，准确地判断何为非法吸收公众存款罪、集资诈骗罪、高利转贷罪，何为合法的民事借款活动有时仍然十分困难。尽管可以说，我国法律有对民间借贷行为的监管规定，但是这些规定的重点放在了与借贷主体、利率及借贷行为有效与否等方面，很少涉及借贷行为的过程；而在穿透式监管之下，民间借贷行为的过程则必然应得到监管。如此一来，穿透式监管便能与现行相关民间借贷法律规定的内容相衔接，即借贷行为所涉及的各方当事人权益能够在整个借贷关系存续期间得到法律的保护。

（二）第二层次：我国金融监管体制的整体框架

健全的金融监管体制是一国金融健康持续发展的基础。早在2017年7月14日至15日的全国金融工作会议上，习近平总书记就指出：创新和完善金融调控，健全现代金融企业制度，完善金融市场体系，推进构建现代金融监管框架，加快转变金融发展方式，健全金融法治，保障国家金融安全，促进经济和金融良性循环、健康发展。金融的法治目标是深化金融体制改革，依靠法治建设一个促进宏观经济稳定、支持实体经济发展的现代金融体系。要达到这一目标，就要求立法与执法层面加强金融法治建设。穿透式监管由于其对金融业混业经营监管的优势，自其提出以来，在我国传统金融领域内也得到了广泛的适用；因此穿透式监管也要符合我国金融业宏观层面上的法治建设，符合金融法立法与执法上的法治要求。

首先，金融法是调整金融法律关系的总称，具有系统性、宏观调控性、强制性等公法的特点。金融法调整对象并不像传统民商法那样简单的双方关系：金融业具有系统性的特征，就像市场上某一领域的波动会向其他领域进行传递。例如，新“证券法”草案出台后，就有学者指出要依照新“证券法”与“期货法”草案与金融体制改革的目标来修订《商业银行法》。[1]中国人民银行与证监会在2000年就发布了《证券公司股票质押贷款管理办法》（已失效），允许银行接受股票作为抵押物；而《担保法》第75条也规定，依法可以转让的股份、股票可以质押。这显然与1998年版《证

〔1〕 参见刘少军：《〈商业银行法〉改为“银行业法”的总体构想》，载《中国政法大学学报》2016年第6期。

券法》第133条规定的银行资金不得流入股市相矛盾。[1]金融法律的任何调整都会起到牵一发而动全身的系统性特点，因此金融立法需要对金融法做全盘考虑。又由于金融法不仅调整金融交易，还调整金融监管关系，金融法的相关立法通常还体现出强烈的宏观调控性和一定的强制性。金融法作为经济法的一部分，蕴含对市场经济的宏观调控功能，尤其体现在各金融领域的市场准入制度、金融主体的资格审查、经营范围的确定、利率和汇率等。金融法作为公法性质的法律规范，其对金融交易的调整通常以义务性、禁止性和命令性规范为主。例如，为了打击违法违规、监管套利、行业腐败、内外勾结等老大难问题，2017年银监会就针对银行业市场的各种乱象进行了“三三四十”[2]等一系列治理行动。

其次，监管权是在相关法律法规不完善时，将剩余的立法权与执法权交由监管机构，因此同时拥有立法与执法的双重特性；故而监管权的行使不得偏离金融法立法的法治化，也不得偏离规范执法的金融监管法的法治化。金融监管法是监管机构对金融市场与金融机构进行调整的法律法规的总称，具有强行性、行为性、综合性的特征。作为监管机构调整金融市场、金融交易的依据，这种公法上的强制性体现了国家对金融的直接干预。由于我国金融监管法律规范通常是由金融监管机构运用其“立法权”制定，由监管机构明确相关法规的监管目标，并制定监管手段与惩罚措施；它是实体法与程序法的有机结合，具有综合性。

由于监管权同时拥有立法与执法的双重属性，一旦其偏离了法治化

〔1〕 1998年版《证券法》第133条规定：“禁止银行资金违规流入股市。证券公司的自营业务必须使用自有资金和依法筹集的资金。”

〔2〕 “三三四十”具体指：“三违反”即违反金融法律、违反监管规则、违反内部规章；“三套利”即监管套利、空转套利、关联套利；“四不当”即不当创新、不当交易、不当激励、不当收费；“十个方面”即股权和对外投资方面、机构及高管方面、规章制度方面、业务方面、产品方面、人员行为方面、行业廉洁风险方面、监管履职方面、内外勾结违法方面、涉及非法金融活动方面。

道路就会造成严重后果。一方面,金融从业者们一直在试图规避法律以获取超额利润,如有学者总结监管套利便有五种之多,即转移监管主体、转移时间段、转变金融交易主体身份、转换业务模式和转变披露方式。[1]另一方面,我国政策为主的传统赋予了金融监管机构强大的行政监管权力,这种近乎垄断式的监管权力必然将影响市场本身对金融资源的优化配置,限制市场的正常发展。反过来我们可以看到,之所以金融监管机构的行政监管权如此强大,归根结底是因为金融法律体系的不完善。虽然由于法律的滞后性等原因,金融需要监管机构行使监管权,监管权的存在不可或缺,但是仍有必要按照金融法以及金融监管法相应的法治特点对金融机构的监管权划出一条红线。

最后,穿透式监管作为一种由金融监管机构运用监管权引入的监管手段,要满足金融法法治特征,遵循金融法治的道路建设。从《互联网金融风险专项整治工作实施方案》正式将穿透式监管引进我国以来,各个监管机构纷纷发布了其穿透式监管性质的规章制度,穿透式监管也从互联网金融慢慢进入其他金融领域。穿透式监管要求监管机构在特定金融交易中强制穿透至真实交易主体,发现交易的本质属性,变相地对主体资格进行审核。但是,穿透式监管本身就是由金融监管机构引入的一种监管手段,其本身就是金融监管法律法规的组成部分,无论在金融法立法还是依据金融监管法进行执法的层面,都属于金融法的法治化进程中的一部分。

(三)第三层次:我国具体政策法规的系统支撑

近年来,我国各监管机构的政策文件及规章逐渐对穿透式金融监管

〔1〕 参见沈庆劼:《监管套利:中国金融套利的主要模式》,载《人文杂志》2010年第5期。

作出规定。为了清楚地认识我国穿透式监管的基本构造，本部分汇总并整理了目前主要的穿透式金融监管政策、规章，详见表1：

表1　穿透式金融监管主要政策、规章列举

针对业务	序号	文件名称	生效时间	文件性质	关于穿透式金融监管的要求
保险类业务	1	《关于强化保险监管、打击违法违规行为、整治市场乱象的通知》	2017年4月28日	政策	监管部门应当加强针对投资人的背景及资质等的穿透性审查，禁止其代持
	2	《保险公司股权管理办法》	2018年4月10日	规章	监管当局应当按照实质重于形式原则，对保险公司的股权实施穿透式监管
	3	《关于弥补监管短板构建严密有效保险监管体系的通知》	2017年5月5日	政策	强化对投资人的资质和关联关系的穿透性审查
	4	《保险资产管理产品管理暂行办法》	2020年5月1日	规章	银保监会对保险行业的资产管理产品实行穿透式监管，向上识别最终投资者并且向下识别底层资产
	5	《关于进一步加强保险公司关联交易管理有关事项的通知》	2017年6月23日	政策	保险公司应按穿透管理的要求，监测资金流向及底层资产状况
	6	《关于进一步加强保险业风险防控工作的通知》	2017年4月21日	政策	穿透排查信用保证保险，关注不能直接穿透底层风险的金融产品
	7	《关于开展偿付能力数据真实性自查工作的通知》	2017年5月27日	政策	监管部门重点关注使用穿透法计算最低资本后的基础资产是否符合规定
	8	《关于开展保险资金运用风险排查专项整治工作的通知》	2017年5月9日	政策	实施穿透式检查，摸清存量风险，控制增量风险

续表

针对业务	序号	文件名称	生效时间	文件性质	关于穿透式金融监管的要求
银行类业务	1	《关于进一步规范银行理财产品穿透登记工作的通知》	2017年5月12日	政策	不得为逃避穿透登记而故意将资产管理计划委外登记为其他资产类别
	2	《关于切实弥补监管短板提升监管效能的通知》	2017年4月10日	政策	各级监管部门应穿透识别实际控制人、最终受益所有权人
	3	《提升银行业服务实体经济质效的指导意见》	2017年4月7日	政策	按照减少嵌套、缩短链条原则，穿透监测跨行业金融业务资金流向
	4	《关于规范银信类业务的通知》	2018年11月22日	政策	商业银行应按照穿透管理要求，根据基础资产的风险进行风险分类，并结合其性质计提资本和拨备
	5	《商业银行股权管理暂行办法》	2018年1月5日	规章	银监会及其派出机构应加强对商业银行股东的穿透监管及加强对关联方的审查。股东穿透情况以银监会或其派出机构认定为准
	6	《关于进一步深化整治银行业市场乱象的通知》	2018年1月12日	政策	按照穿透式和实质重于形式原则进行风险管理并足额计提资本及拨备
	7	《商业银行大额风险暴露管理办法》	2018年7月1日	政策	商业银行应使用穿透方法，将资管产品等的最终债务人作为交易对手。风险暴露小于一级资本净额0.15%的基础资产，如能证明未规避穿透要求，可不使用穿透方法
证券类业务	1	《证券期货经营机构私募资产管理计划运作管理规定》	2018年10月22日	规章	通过穿透核查资管计划最终投向何种投资项目

续表

针对业务	序号	文件名称	生效时间	文件性质	关于穿透式金融监管的要求
证券类业务	2	《区域性股权市场监督管理试行办法》	2017年7月1日	规章	以理财产品等形式汇集多主体的资金进而投资证券市场或分期发行单只证券，应穿透核查最终投资者是否合格，并合并计算投资者人数
	3	《公开发行证券的公司信息披露内容与格式准则第26号》	2017年9月21日	政策	如为合伙企业，应穿透披露至最终出资人及其与参与本次交易的主体的关联关系
	4	《证券公司股权管理规定》	2019年7月5日	规章	证券公司应按穿透原则将股东及其控股股东等作为关联方管理
基金类业务	1	《私募投资基金监督管理暂行办法》	2014年8月21日	规章	以合伙企业等非法人形式，汇集多数投资者的资金投资于私募基金的，应当穿透核查最终投资者是否合格
	2	《公开募集开放式证券投资基金流动性风险管理规定》	2017年10月1日	政策	基金管理人应按照穿透原则对交易对手的财务状况、偿付能力等进行必要的严格准入管理
综合类业务	1	《互联网资管整治方案》	2016年4月14日	政策	不持金融业务牌照，或不以网络借贷等为主营业务的，综合资金来源、中间环节与最终投向等进行穿透式监管
	2	《中国金融业信息技术“十三五”发展规划》	2017年6月27日	政策	为加强交叉性金融产品的监管，探索基于大数据等新技术的穿透监管
	3	《关于规范金融机构资产管理业务的指导意见》	2018年4月27日	规章	除了公募证券投资基金，对多层嵌的资管产品，实行穿透式监管，向上识别最终投资者，向下识别底层资产

续表

针对业务	序号	文件名称	生效时间	文件性质	关于穿透式金融监管的要求
综合类业务	4	广东省金融办、广东银监局、广东省网信办等《关于贯彻落实网络借贷信息中介机构业务活动管理暂行办法的通知》	2018年3月26日	政策	对金融业务的实质进行界定，监管部门应综合资金来源、中间环节和最终投向等全流程信息
	5	《互联网金融风险专项整治工作实施方案》	2016年10月13日	政策	明确跨界、交叉型互联网金融产品的“穿透式”监管规则

二、民间金融穿透式监管的核心原则：刺破金融契约面纱

（一）刺破金融契约面纱的逻辑起点：金融市场透明度问题

当代经济法的运行以市场机制及其失灵为客观基础，克服市场失灵是经济法运行的重要功能定位。[1]而在导致市场失灵的诸多因素中，信息的不充分、不对称、不全面通常是一个重要问题。伴随交易渠道的多样化、交易技术的深度发展，尤其是数字经济的便捷发展，当前社会经济运行中的信息不充分、布局不对称和不全面现象尤为突出。相较于实体经济，金融服务的虚拟性和复杂性更强，对于一般金融投资者而言，金融产品的信息不对称较强、市场经营过程的透明度较差，已经是一个普遍性的问题。“国家有必要通过对货币流通领域的规制，解决信息不对称以及市场失灵等问题，维护金融安全，乃至社会稳定。”[2]

正是在上述逻辑基础上，“提升金融市场透明度”与“刺破金融契约

〔1〕 参见张守文主编：《经济法学》（第2版），高等教育出版社2016年版，第49页。

〔2〕 张守文主编：《经济法学》（第2版），高等教育出版社2016年版，第332页。

面纱”的理念和原则就被阐释和实施开来，穿透式监管亦是在这一理念支配下开展的监管范式转变。具体而言，由于金融市场普遍存在各种信息不对称现象，立法者和监管者甚至永远无法消除这种信息不对称的现象，监管者在确立和贯彻穿透式监管理念时，既要妥善解决穿透的范围和层级问题，又要合理分配穿透带来的成本与风险负担，以最终决定达到何种市场透明强度。

以民间借贷为例，通过穿透式的监管，能够提高金融市场的透明度。例如，由政府组织建立信息管理平台，针对民间借贷的放贷方，若想放贷应当提前登记自身信息，政府部门通过他们所提交的材料，层层穿透审核放贷方的资质和资金流向等核心点。放贷方自身的管理系统如何？其资金来自何处？贷款利率的计算方式是否属实，是否符合基本标准？除此之外，民间借贷领域的其他环节如合同的订立、支付时间、接收主体、借款用途等都应当公示，以提高借贷市场的透明度，让地下钱庄浮出水面。如此才能增强民间借贷的合法性，避免非法集资等犯罪事实的出现。

民间金融穿透式监管语境下的金融市场透明理念，核心在于弥合当代金融深度发展背景下的“两个背离”问题：

一是金融契约形式与实质之间的背离。伴随金融混业程度的加深和互联网技术的引入，当代金融市场的创新程度越发便利，金融契约开始通过复杂结构和多层嵌套的形式实现对既有契约监管的规避。在此种背景下，金融契约的外在形式有可能与其实质目的、功能和效果发生严重背离，如果再囿于传统商事规则下的外观主义、鼓励交易等逻辑审视当下的民间金融契约，将有可能过度纵容这些本质上属于以合法形式掩盖非法目的的金融创新现象，继而不利于普通金融消费者利益的维护。在个案中通过穿透式监管刺破复杂金融创新的形式主义面纱，有助于弥合日渐偏差的金融形式要件与实质要件之间的背离，真正意义上提升金融市场透明度。

二是金融个体契约关系与群体风险问题之间的背离。在形式主义审查思路下，个体性的金融契约通常依照外观主义和鼓励交易的思路予以评判，基于对市场主体意思自治的尊重，金融个体契约关系在非直接构成无效合同规则的情形下，应当视为合法、有效。但是，在当代金融发展背景下，这种过于强调中立、消极、外观主义的审查思路，无助于弥合金融过度创新所可能衍生的群体性契约风险问题。知名的“长租公寓暴雷”事件就是通过向租户和房东转嫁风险的形式，实现其资金的快速融通，促进其企业的快速扩张。在完全合法的个体契约关系笼罩下，掩埋的反而是群体“契约束”的重要金融风险。对提高金融市场透明度的倡导，有助于弥合在金融创新高度发展背景下，金融个体契约关系与群体风险问题之间的这种严重背离，预防和消除系统性金融风险。

（二）形式与实质之背离：当代金融契约的迷思

金融本质上是一系列有关借贷、融资的契约结构的整合。而金融创新本质上是在各种类型化的金融契约之上不断进行“打补丁”的结果。在当代金融发展背景下，金融创新的动力有二：一是通过创新改进既有的金融契约结构，进而起到提升融资效率、促进交易迅捷的功能，这是金融创新的内在驱动力所在；二是通过创新规避固有法律制度对旧的金融契约结构所设置的监管框架，以新的金融契约形态绕开制度干预，这是金融创新的外部动因。民间金融的参与者是适度远离于官方金融、正规金融体系的法律主体，为了促成资金的顺利调剂和互通有无，民间金融契约的缔结者更有动力混淆金融契约的形式与实质，进而规避现有监管体系。比如，在民间融资缔约实践中，常见的一种规避高利贷管制的方式：在缔结借贷合同时，令纸面上约定的借款数额虚高（如合同约定借贷 20 万元，但实际支付的借款数额仅 15 万元)，而在主张归还本金和利息时，便可轻易地规避国家对最高利率的法律限制。

概言之，在金融契约尤其是民间金融契约领域，通过规避、绕开已有立法的形式，令契约的形式与实质相背离乃至完全矛盾，已经成为一个考验现有监管的常见现象。而科学技术的发达、金融创新的迭代则进一步强化了这一趋势。当然，法律制度也不会完全保持静态，待金融创新有所突破后，法律制度也会通过更新立法或执法的形式，对待新的金融契约设置新的监管范式。所以，如何通过更新监管范式的形式，刺破金融契约的面纱，弥合金融契约形式与实质之间的缝隙，已成为当下金融监管的重要议题。金融创新和金融监管即在这种相互影响、互动的过程中发展。[1]

(三)刺破金融契约面纱的功能定位与价值取向

穿透式金融监管旨在刺破金融契约的面纱，消弭金融契约形式与实质之间的缝隙，令金融监管打破外观主义、形式主义的拘束，使监管结果更符合金融契约的实际权利义务结构，进而实现结果正义、提高金融市场透明度。刺破金融面纱可以有效约束市场参与者的行为，减少内幕交易和操纵市场等违法行为，提升金融市场的整体有效性，促进金融市场的有效监管。市场参与者既非天使，也非恶魔，却都有善良和邪恶的属性，唯有提升透明度，才可以形成市场参与者的自我约束，奠定实质监管的基石。

在数字经济大力发展的背景下，民间金融通过互联网平台运转的概率大为提高，“互联网 +”背景下的民间金融监管更需要通过引入穿透式监管逻辑，刺破金融面纱。互联网工具的引入进一步强化了金融创新的

〔1〕 参见尹龙:《金融创新理论的发展与金融监管体制演进》，载《金融研究》2005 年第 3 期。

复杂性和对双方主体之间的不对等性，此时，就有必要在监管层面采取更多的侵入性措施，刺破这些问题，促进形式与实质的合并审查。只有“平台监管穿透了互联网创新商业模式的面纱，遵循实质重于形式的功能监管逻辑”，才“意味着数字社会生产中组织生产与控制权力一定程度回归监管部门”。“穿透合同自由而直接进行市场要素的监管，既是基于平台作为多边市场的地位，也代表从注重效率转向注重公平。”〔1〕

当然，作为市场制度设计的一部分，市场组织者面临需要确定多大的市场透明、刺破多大程度的“面纱”才合适的实际政策问题。〔2〕由于金融市场普遍存在各种信息不对称现象，立法者和监管者甚至永远无法消除这种信息不对称的现象，监管者在确立和贯彻穿透式监管理念时，既要妥善解决穿透的范围和层级问题，又要科学分担穿透带来的成本负担，以最终决定达到何种市场透明强度。〔3〕

三、民间金融穿透式监管的实施机制：监管与司法协同治理

（一）公共监管：民间金融运行的初始制度保障及其功能

“风险社会”的存在，客观上强化了政府作为天然的公共利益代表者介入市场的必要性，同时也使以事前准入、事中监测、事后处罚为主要功能的金融监管更为重要。作为一种“内生因素”，政府深度介入经济与社会的运行，利用自身在组织和动员公共政策、公共资源等各方面的优势，

〔1〕 参见张凌寒：《平台“穿透式监管”的理据及限度》，载《法律科学（西北政法大学学报）》2022年第1期。

〔2〕 参见王茂斌、孔东民：《市场透明度改变影响交易者行为吗？》，载《证券市场导报》2007年第11期。

〔3〕 参见叶林、吴烨：《金融市场的“穿透式”监管论纲》，载《法学》2017年第12期。

通过“公私融合”的方式促进社会公共利益的实现、持续和扩大，政府行为遂体现出公共产品效应。但是，政府行为在实践中往往表现为“双刃剑”，正外部性与负外部性并存，从而引发监管能否真正产生公共产品效应的担忧。

这一问题的本质在于，政府介入市场的正当性，究竟是来自其在政治意义上的公共利益代表者这一身份，还是其介入市场的行动在经济意义上的成本与收益表现？自由市场主义与政府干预主义对此存在显著的分歧。问题的复杂之处在于，政府行动一般具有多元化的目标，正外部性和负外部性往往很难精确度量，且需要较长的周期才能完整体现。此外，即使数据和个案有时显示出政府介入方法的失败或低效，也无法据此否定政府介入在整体上的价值与功能。从实用主义的角度而言，强化政府以公共利益代表者的身份介入市场的正当性，有助于凝聚市场对政府介入的共识、在不确定条件下减少介入产生的交易费用，从而尽可能地优化政府介入在具体问题上的成本与收益表现；而根据成本与收益反馈对具体的介入方法及时纠错，也可以化解政府介入的负外部性，进而强化市场对政府介入的认同，以此形成良性循环。这种折中主义的进路理论上可以成立，在实践中也是占据主导地位的政府所采取的主要方法。关键在于政府能否及时调整相应的介入模式和方法，从管控型监管转向公共产品型监管，将监管在内的政府行为视为公共产品供给，在尊重市场规律的前提下发挥政府之手的比较优势，为市场和社会提供正外部性，克服管控型监管在实践中的不足，为监管规则的绩效评估及纠错提供机会和平台。〔1〕

以网络借贷平台的风险控制为例，网络借贷平台的完善及其业务的风险控制多以事前准入和事中监测为核心。从结果来看，几乎所有的监

〔1〕 参见冯辉：《网络借贷平台法律监管研究》，载《中国法学》2017年第6期。

管措施都具有风险控制的意义。相较于出现问题以后再去挽救平台和补偿大规模投资者的损失，风险控制可以通过预防和及时遏制降低社会成本。〔1〕即使是事后处罚，从面向未来、威慑整个市场的角度来看，也具有风险控制的功能。从过程来看，风险控制体系可以划分为事前准入、事中监测和事后处置三个主要环节：其一，事前准入环节的风险控制，包括机构准入和具体业务准入，主要的措施是注册资本、净资本、净资产、专项业务营运资金等财务类准入指标，以及股东资格、股权结构等公司治理类准入指标。事前准入的风险控制，虽然可以形成“挤出”风险的效果，但也容易形成准入壁垒，妨碍竞争和破坏准入公平。其二，事中监测环节的风险控制是金融机构风险控制的核心，由一系列反映不同业务营运情况以及机构营运情况的指标组成，以商业银行的风险控制最为严格，包括流动性比例、核心负债比例、不良资产率、成本收入比、资产利润率、资本利润率、资本充足率等。〔2〕事中监测具有动态性，相对而言可以避免事前准入机制引发的负外部性，其专业性和技术性较强，易为市场所预期和接受，此外其指标体系性强、覆盖面广，可以减少因依赖单一或少量指标而发生的误判。其三，事后处置的重点是追究违法犯罪行为的行政责任或刑事责任，其风险控制意义主要体现为从金融稳定的角度出发挽救问题机构和补偿投资者损失，避免个别金融风险引发系统性金融风险和社会风险，其核心问题是增强对投资者的补偿能力。

从公共产品供给角度构建和完善网络借贷平台的风险控制，关键在

〔1〕 参见冯辉：《网络借贷平台法律监管研究》，载《中国法学》2017年第6期。

〔2〕 根据《商业银行风险监管核心指标（试行）》（银监发〔2005〕88号）的规定，商业银行风险监管核心指标分为三个层次即风险水平、风险迁徙和风险抵补。风险水平类指标包括流动性风险指标、信用风险指标、市场风险指标和操作风险指标；风险迁徙类指标包括正常贷款迁徙率指标和不良贷款迁徙率指标；风险抵补类指标包括盈利能力指标、准备金充足程度指标和资本充足程度指标。每一个指标项下还规定了更加具体的指标。

于秉承类型化和专业化的思维，加强风险控制的事前准入与事中监测与网络借贷内在机理的契合。总体而言，事前准入环节的基本原则是在监管与产业发展需要、市场竞争与准入公平之间形成平衡；事中监测的基本原则是采取“穿透式监管”的方法，以功能主义为标准识别平台的业务属性，并导入相应的风险监测指标。[1]

（二）司法裁判：民间金融风险治理困境

相较于金融监管的全阶段监控，金融审判在对民间金融发挥的功能上主要体现在事后救济与平衡方面，这主要是基于司法自身的特殊性以及金融审判与金融监管的特殊关系。在传统的金融审判实践中，民商法规则是民事司法裁判的主要依据和标准，但面对日新月异的现代金融交易和纷争，应用传统民商法规则进行金融审判已呈现一定程度的规制困境。

1. 民商法规则适用于现代金融的多重困境

现代民商法的权利话语和制度体系根植于工业革命，主要以有形物作为交易的基本标的，当面对瞬息万变的以信用为基础的现代金融交易时，传统的民商法法律关系构造和制度设计就凸显出一定的局限性，难以精准有效地诠释特殊的金融交易。

首先，现代金融交易关系无法完全按照民商法的权责体系来确定。在传统法律关系中，储户是银行无担保的债权人，银行是债务人，储户有权要求银行还本付息。但在现代社会中，一些国家为了刺激经济发展，鼓励消费，开始实行零利率或负利率政策，由此导致银行储户与银行之间的债权债务关系的法律定位发生颠覆性的改变。在负利率时代，债权人储户不仅无法获取任何利息收入，相反还要向债务人银行支付一笔管理费

〔1〕 参见冯辉：《网络借贷平台法律监管研究》，载《中国法学》2017年第6期。

用（负利息）。在零利率中，作为债务人的银行可以不向作为债权人的储户支付任何利息（零利率）。这样一种金融交易规则，在传统民商法的话语体系中是无法有效得到合理解释的，甚至可以说是完全改变了传统民商法对储户与银行的法律定位。在 2020 年中国银行原油宝事件中负油价的出现，也颠覆了传统民商法视野中买卖双方的权利义务。[1]虽然此类事件属于个例，但不可否认的是，其确实对民商法既有的权利义务关系提出了挑战。

其次，现代金融交易往往无法完全适用传统民商法的规则体系和制度要求。这是因为现代金融创新往往会衍生出多重交易结构和更为复杂的金融关系，呈现出时空错位的特征。与一般商品交易钱货两清不同，金融交易中普遍存在严重的信息不对称问题，如果完全依靠意思自治，难以有效解决信息不对称引发的欺诈、误导、虚假信息披露等问题。因此，在金融领域中，政府的介入和引导显得尤为重要，而制定适应创新金融产品的金融交易规则也具有与时俱进的功效。有学者对我国金融交易基础设施的研究表明，我国金融交易基础设施中的许多规则与传统民商法的基本要求存在一定的冲突，如果强行适用民商法的基本规则，就会导致相关金融创新或者金融交易无法达成。[2]

最后，一些现代金融交易无法有效对接民商法既有的范畴体系。譬如，有关信用违约互换的性质究竟是保证还是保险或者二者皆不是的讨论，一直没有定论，信托的双重所有权与民商法的所有权制度的关系也一

〔1〕《多省高级人民法院发布公告，"原油宝"事件最新进展来了！相关诉讼案将集中管辖》，载 https://www.hxny.com/nd-47708-0-50.html，最后访问日期：2023 年 7 月 1 日。

〔2〕 参见季奎明：《金融市场基础设施自律管理规范的效力形成机制》，载《中外法学》2019 年第 2 期；郑彧：《金融市场基础设施内部规则的法律保护：现状、冲突与改进》，载《华东政法大学学报》2020 年第 1 期。

直困扰着学界。上述新兴金融现象和制度规定，在不同程度上与民商法的范畴体系和权利体系存在抵牾，按照民商法既有的范畴体系和规范体系是无法有效全面解释上述金融现象和规则的。这些新型金融案例和现象的出现并非偶然，究其根由，在于传统民法的基本制度与现代金融交易一些特殊交易结构和交易方式存在错位。现代金融交易的实质并不是有形物或者无形财产，其金融交易的核心和本质是风险。因此，植根于工业社会市场交易关系的民商法，面临是否可以回应以及如何回应以信用交易为基础、以规避风险或者追求风险溢价为交易目的的现代金融社会的严峻挑战。

2. 传统民商法归责体系无法应对现代金融风险

意思自治作为民法的基础，强调个人对自己行为负责，这在工业社会能大行其道。因为在工业社会中，交易风险一般发生在当事人之间，责任或者后果一般不连带第三人，以预见性为原则，因此个人责任在民法的体系中更多地限定在民事主体可预见的范围之内。这种责任分担机制在传统工业社会中是可行的，也能有效抑制风险。但是在现代风险社会中，现代金融风险具有很强的外部性，市场主体的金融交易所引发的风险容易外溢和传导，引发多米诺骨牌效应，常常发生“黑天鹅事件”，这在 2008 年国际金融危机和 2020 年因新冠疫情而引发的全球金融市场大动荡中体现得尤为明显。

因此，在金融风险治理中，由于金融风险的传导性更强，风险的不可预测性增多，风险后果的不可估量性更突出，这些都将导致在许多金融风险中无法明确责任主体和责任范围。由此引发了如何适用民法的责任分担机制问题，如何适用民商法的因果关系就成为非常困难的事情。而且即便适用，其对现代金融所产生的风险的规制效果是否足够，也值得进一步追问。另外，由于金融风险责任主体的发散性，在金融交易中，责任承担者并不一定主观有过错，解决问题和风险治理的基点有时并不是可责性，而是可行性和社会成本最小化。

3. 以合同交易规则为基础治理金融风险存在隐性缺陷

民事裁判的目的在于定分止争，但是由于金融风险具有很强的连带性，如果仅仅适用传统民商法规则来处理金融纠纷，在特定情况下，不仅无法解决争端，相反还可能引发更多的金融风险。在某债券发行的案例中，由于发行人已经出现信用危机，个别债券持有人以预期违约为由，要求债券发行人提前赎回债券，如果按照传统民商事规则，原告主张合法有效应予以支持。但是，法官考虑到，由于该发行人有多期债券发行，彼此之间存在交叉违约条款，如果对个别债券持有人预期违约的主张予以支持，将可能引爆该发行人所有债券的违约，由此引发较大的金融风险。〔1〕

此外，主张以合同治理金融风险的理念和制度安排，其结果可能并不尽如人意。譬如，P2P 在我国的兴起与风险爆发历程，就鲜明地反映出通过合同治理金融风险可能会导致的问题。在 P2P 兴起初始，社会各界均认为这是新型的互联网金融，有助于解决普惠金融问题，监管当局也秉持“让子弹飞一会儿”的宽松监管理念，不予过多干涉。P2P 经营主要依托民事合同规则来确定各自的权利义务。但几年下来，P2P 的经营在我国完全异化为民间非法集资的一种新型手段和路径，最终纷纷爆雷，并引发非常严重的区域性金融风险，以至于截至 2020 年 11 月，曾经高达 5000 多家的 P2P 网贷机构全部被关闭。〔2〕由此不难看出，现代金融交易是一个信息极不对称的市场交易，金融服务方相较于金融消费者或者投资者具

---

〔1〕 参见杨路:《金融司法决策中的价值考量》，载新浪财经头条网，https: /cj.sina.com.cn/articles/view/6289104432/176dcle38001900hana?from=finance，最后访问日期: 2021 年 7 月 21 日。

〔2〕 参见泰勒:《历史性时刻: 再见了，P2P！网贷机构已完全归零》，载微信公众号“中国基金报”，最后访问日期: 2021 年 11 月 27 日。

有更多的信息优势，如果缺乏国家必要的监管和介入，金融信息优势方将极有可能利用信息优势对交易对手、特别是金融消费者进行欺诈。如果我们过分彰显金融交易中的意思自治，试图通过合同来实现现代金融的治理，缺乏坚实的理论基础和实践验证，更有可能导致金融风险的失控。需要说明的是，上述分析仅表明传统民商事规则体系在金融纠纷处理和金融风险化解方面存在一定的局限性，但并不意味着民商事规则在金融领域完全无用。这些新型金融案例的出现，只是对传统的以民商法为基石的金融司法裁判提出挑战，这种挑战并不可能颠覆民商法规则体系和思维逻辑在金融司法裁判制度体系中的基础地位。〔1〕

（三）公共监管与司法裁判的协同与配合

穿透式监管主要是一个金融监管领域的观念及其制度，但这并不意味着其对司法裁判过程不产生任何的影响。事实上，一个理性的穿透式监管应当尊重、倡导将事前的公共监管过程与事后的司法裁判过程协同治理起来。穿透式监管是金融监管部门颁布的具体监管规则，将其嵌入司法裁判中具有合理性，毕竟，个体商事交易行为在公共利益维度将产生影响，而相互关联的商事合同共同构成的契约群，是金融系统性风险产生的合同之源。〔2〕整体而言，在穿透式监管视阈下，公共监管与司法裁判的协同治理体系主要包含如下主张：

1. 协同治理的基本原则：司法尊重金融监管规则

构建金融风险协同治理的一个首要问题就是如何正确确立金融裁判评判金融监管规则的态度和立场。关于在民事司法裁判中是否以及如何

〔1〕 参见鲁篱：《论金融司法与金融监管协同治理机制》，载《中国法学》2021年第2期。

〔2〕 参见陈秋竹：《金融监管规则介入司法裁判的合理性及其限度——基于穿透式监管对商事合同效力认定的影响》，载《南方金融》2021年第3期。

适用公法规范问题，一直是法学界探讨的热门话题。各国公认的做法和思路是民事规范通过转介条款，将其他法律规范的内容引入民法规范，实现民法的开放性格局，进而使民法能够更好地与时俱进。转介条款体现了立法者对司法者的概括授权，立法者授权司法者超越各规制性规范之立法者意图而作独立的价值判断和评价，从而使公法、私法规范之间更加融合。[1]但是，即便通过转介条款实现公法与私法的融合，主流观点依然认为，这里的公法更多仅限于法律和行政法规，对于目前大量存在的行政规章，法官是可以选择性适用的，以防止国家对私人生活的不当干预。因此，在金融监管中，传统民商事规则存在规制的局限与偏误，金融监管具有更多治理金融风险的功能优势，其专业性、及时性、针对性以及有效性能够更好地对接金融风险治理。同时，既往分立式治理模式的正当性基础业已伴随社会的变迁和金融风险的特质逐渐被削弱和降减，在相关金融监管规则没有被合宪性审查确定违法的前提下，金融民事司法对金融监管规章应当予以尊重。

具体在合同法领域，在涉及金融交易行为的效力判断方面，如果是金融监管规则明确禁止的行为，法院应当予以尊重并因此裁定相关交易合同无效。换言之，目前最高人民法院所确立的违反法律强制性规范无效的规定，应当扩展到金融行政规章，而不仅仅限于法律和行政法规层面。当然，基于对行政过度侵扰私人自治的担忧，同时基于对已有效力性规范和管理性规范的学术共识的认同，这里应当将导致合同无效违反的金融行政规章限定于效力性的金融行政规章。在侵权法领域，尊重金融监管规则应当体现为将金融监管规则对金融机构所要求的规则作为金融机构注意义务和忠实义务的当然要求，凡是违反了金融监管规则的行为，均应

〔1〕 参见朱虎：《规制法与侵权法》，中国人民大学出版社 2018 年版，第 40、45 页。

当视为金融机构违反注意义务或者忠实义务。

司法尊重金融行政规章应当成为司法裁判金融案件的主要原则，以不适用为例外。当法院决定否认金融监管规章规定的效力或者不以金融监管规章的规定作为效力评判或者注意义务认定的依据时，必须对司法权予以必要的限定和控制。首先，建议通过最高人民法院将违反金融监管规章强制性规定的行为依然有效的情形类型化，通过司法解释或者司法指导性文件予以明确。除此之外，各地方法院原则上不得否认金融行政规章强制性规定评判交易行为是否有效的效力。其次，法院对否认金融监管规则效力的判决，应当在内部设置相关的专业性审查和指导程序并进行合理性审查。考虑到我国各地法官水平参差不齐的现状，如果以独立审判为由不对法官否定金融监管规则的裁判予以一定的审查和控制，可能会导致法院对行政权力的侵入过大，权力拥有者范围过宽，容易出现恣意裁判。最后，需要将否定行政机关规章有效性的权力在内部审查和专业性保障方面予以必要的约束和限定。对于此类案件，地方法院内部应当设置专门的程序，必须通过审判委员会的集体讨论，必须邀请相关金融监管部门就金融监管规则进行说明和阐释，而且在判决书中必须说明不适用金融行政规章禁止性规定的具体理由。

2. 协同治理的主要路径：强化法院与金融监管部门的沟通和协调

在风险社会中，只有通过组织化的协商和沟通，才能发现各自系统的盲点，识别其他系统的知识话语体系，也才能更好地作出科学合理的决定，更好地进行综合性治理。面对司法与金融监管分立治理的缺失，必须强化司法与金融监管机构的商谈和沟通，特别是司法能够借此机会更多地了解金融监管规则的知识话语及其背后的理念，开展有效的沟通和协作，这样才能有效提高金融审判和金融监管社会整合的力度和运行效率。对金融重大疑难案件，法院可以主动邀请金融监管部门参与案件的商讨，或者应金融监管部门申请，有义务进行案件的协商合议。最高人民法院2017年《关于进一步加强金融审判工作的若干意见》第25条已明确提出金融审判要加强与金融监管的沟通和协调，主要是重大疑难的金融案件需要强化与金融监管部门的商谈和沟通，当然这种主张并不对所有金融案件都适用。司法系统与金融监管部门的沟通协调主要应当限定以下三种类型：一是否定已有金融监管规则的效力或者间接否定金融监管规则规定的行为；二是通过裁判确立新的金融监管规则；三是具有较强金融风险隐患，可能引发传染性金融风险的重大案件。

沟通和协同是双向的，一方面，法院需要从金融监管部门获取更多有关金融风险治理的信息，了解金融机构对相关金融交易的监管认知和具体要求，进而在此基础上完善对相关主体法律义务的要求，提升金融审判参与金融风险治理的有效性；另一方面，法院也可以向金融监管部门提供司法对金融风险治理的见解和规则，协助金融监管部门更好完善相关金融规则。其路径和方式有多种：首先，我国当前法院普遍采用的出具司法建议书的做法可以协助金融监管部门和金融机构完善相关的交易规则；其次，法院对相关典型案例的判决也能有效地确立和更新相关金融交易的规则，有效推动金融监管及时更新金融规则；最后，提供有关金融机构司法行为的信息汇总也有助于金融监管治理效能的提高。上述三种司法对金融监管机构的信息输出对于协同治理意义重大，这是因为市场主体对金融机构的违法行为较金融监管机构具有高度的敏感性，更能激励其对自身权益的维护而积极检举揭发金融机构违法行为。因此，司法对相关金融案例的汇集、梳理以及将相关信息与监管部门进行有效的沟通，有助于监管部门多渠道发现监管对象的相关信息，降低信息的搜索成本，提高监测效率，使监管措施更具针对性。所以，从信息的收集和显示的视角来看，司法对金融机构的协同也非常必要。

3. 优化协同治理的重要手段：通过合同监管实施金融治理

现代社会公私法相互交融的态势越发明显，私法通过引致条款等将公法规范介入私法领域已成为各国之通例，但这种引致条款的设计更多是限定在司法审判环节，当事人对是否适用以及如何适用引致条款缺乏明确的预期，因而公法规范参与私人自治的效果并不明显。更为重要的是，现代金融交易是信息极不对称的市场交易，如果对金融交易不予以必要的国家干预和介入，仅仅依赖基于意思自治的合同规则是无法有效规范金融交易、防范金融风险的。正因如此，在现代社会，伴随金融监管对金融交易监管力度的加强，相关金融监管规则对金融机构都规定了若干的法律义务。这些监管规则既有对金融机构审慎经营的规定，也有对金融机构行为的合规性要求，同时还有不少监管要求其实就是对民商事义务规定的细化和标准化要求。如果这些有关金融机构义务的监管性规定仅仅停留在监管当局和金融机构之间通晓，信息缺乏必要的传播路径和渠道，那么这些对金融机构的义务要求无法被司法机关所知晓，同时也不被金融消费者和投资者所了解。这种信息封闭的运作方式会导致金融机构的义务履行缺乏必要的监督和威慑。

在这里，不妨参考我国商品房买卖合同的做法和经验，由监管机构制定特定金融交易的标准合同条款，尝试在私人合同制定环节就将金融监管的要求直接植入合同条款，作为合同的法定必备内容，同时赋予金融监管机构对相关金融合同条款设定的监管权力。这样通过合同设定让监管规则实现更广泛的信息传播，增加金融消费者和投资者对金融机构履行义务的私人监督和威慑，同时又能将金融监管的要求通过合同实现与私法的对接，进而在司法审判时可以知晓，以履行合同的方式，将金融监管规则规定作为合同条款而认定具有强制力，实现司法与金融监管对金融风险在私法行为上的治理协同。

4. 协同治理绩效的重要保障：金融违法行为责任追究的协同

金融审判对金融违法行为的惩戒主要是补偿性的财产责任，手段较为单一，这种责任承担对于金融市场参与者而言，缺乏足够的威慑力。在一个以信用为基础的金融市场，市场参与者的声誉状况、市场准入等才是更为关键的制胜之道。因此，如果仅仅按照民商事规则要求裁定违法者承担以弥补受害方损失为代价的民事责任，对于违法者而言并不具备足够的威慑力，特别是考虑到金融违法行为的查处概率低，违法损失的可量化困难等因素，补偿性的财产责任完全不可能冲抵违法者的违法收益，无法对金融违法行为形成有效的威慑。因此，金融违法者行为的责任追究应不仅仅依赖司法机关民事责任的承担为追究形式，还应辅之金融监管机构的行政处罚，如声誉惩戒以及市场禁入等措施，加强惩戒的力度和有效性。这一方面有利于提高违法者的违法成本，避免违法者因违法而不当获益；另一方面能充分发挥金融审判与金融监管各自的功能优势，提高惩戒措施的针对性和威慑力，提升治理实效。

由于我国目前金融审判与金融监管总体上仍然是分立治理机制，金融审判对金融规章的适用是选择性的，因而容易出现前述之法律投机主义，金融监管很可能被认定违法的行为，转而在金融审判中得到有效性评判，获取违法收益。因此，即便在特定情况下司法机构认定违反行政规章强制性规定的合同有效，为避免法律投机主义和监管套利，可以考虑对此类交易中善意第三人的权益予以保护，对于违法的金融机构违法情况应当及时通报金融监管机构，借助行政处罚的方式予以追缴甚至惩罚性处罚。违法者不获利为现代法律的基本准则，金融审判与金融监管应当坚守这一准则，协同共治。〔1〕

〔1〕 参见鲁篱：《论金融司法与金融监管协同治理机制》，载《中国法学》2021年第2期。

第二章

穿透式监管规则融入民间金融司法裁判的动因

第一节　民间金融监管与司法审判融合的必要性

一、全面依法治国背景下行政监管与司法审判关系之重述

习近平总书记指出："全面推进依法治国是一个系统工程，是国家治理领域一场广泛而深刻的革命。"〔1〕习近平法治思想指引下的全面依法治国理论体系，能为理解、推进和完善从立法、执法、司法到守法各个阶段的问题提供原则依循和指导思想。〔2〕对金融领域政府监管与司法审判之间关系的认识和改进，也显然应立足于习近平总书记对全面依法治国的阐述之理论高度之上。习近平总书记指出："我国宪法实现了党的主张和人民意志的高度统一，具有显著优势、坚实基础、强大生命力。"〔3〕

我国法院之所以对适用金融规章的态度和立场在不同时期和不同事项呈现不同的面相，不仅仅源于对民商法适用于现代金融交易盲目的自信和话语崇拜，也不仅仅是司法对现代金融监管规则功能优势的熟视无睹，其实还根植于我国法院在社会权力结构体系中的现实定位。在我国，法院不仅是传统意义上的裁判者，同时也是金融风险的重要治理者。原因主要有：其一，司法裁判的主要目的是定分止争，通过裁判确立相关规则是其外部性的体现。对于法院而言，有些司法裁判虽然主旨是在特定当事者之间定分止争，但是其可能产生外部性效应，可能引发其他主体之

〔1〕 习近平：《关于〈中共中央关于全面推进依法治国若干重大问题的决定〉的说明》（2014年10月20日），载习近平：《论坚持全面依法治国》，中央文献出版社2020年版，第102页。

〔2〕 参见杨明宇、柯华庆：《习近平法治思想的体系与贡献》，载《学习论坛》2021年第4期。

〔3〕 习近平：《关于我国宪法和推进全面依法治国》（2018年2月24日），载习近平：《论坚持全面依法治国》，中央文献出版社2020年版，第213页。

间的风险，甚至系统性风险。因此，法院不仅需要关注具体交易中的权责关系，而且还要穿透和防范裁判背后所潜在的金融风险。因此，法院在处理金融纠纷时，具有防范和化解金融风险的功能。其二，已有的研究揭示，我国法院其实也是公共政策的重要制定者和执行者，对于金融风险的治理，法院往往会主动参与其中并试图扮演非常重要的角色。如有学者在对我国国有商业银行处理金融不良债权事件的分析中明确指出，我国法院扮演公共政策法院的历史由来已久，并具有深深植根于我国本土性的特点。〔1〕虽然法院对金融风险治理的介入体现了法院的多重面相，但不容否认的是，法院已然超越了裁判者的角色，承担大量非司法性社会治理事务。其三，由于现代社会权力分工主要是以专业性和权力制衡为基点，司法基于其法律的专业性与地位的独立性构建了法律自治的空间，行政权力与司法权力的分工，司法对行政规章和行政行为享有最终的裁决权。从这个层面上讲，司法对金融监管规章和行为的裁判过程也必然昭示着对金融风险的治理，这也是法院作为金融风险治理重要角色的路径和方式。

金融风险治理是金融监管机构主要的监管目标之一。在金融风险治理方面，金融监管机构和司法机关都应是金融风险的主要治理者。但我国法院对金融监管规则态度和立场的摇摆，不仅反映出司法与金融监管机构往往各行其是的真实图景，更为重要的是，其揭示出我国当前对金融风险的治理存在明显的行政与司法分立而治的表征，呈现司法与监管对金融风险分立式治理的机制。虽然这种机制的形成有其历史、政治、法律和经济的正当性基础，但是，伴随对金融风险认识的深化，可以发现金

---

〔1〕 参见黄韬：《公共政策法院——中国金融法制变迁的司法维度》，法律出版社 2013 年版，第 60 页。

融风险分立式治理机制越来越面临正当性和合理性的拷问，该机制缺乏足够充分的制度正当性、智识合理性、功能有效性和结构科学性。具体而言：

第一，我国现行制度结构与分立式治理的政治权力结构和制度安排迥然有别，分立式治理缺乏现实正当的制度基础。分立式治理的政治基础是权力分工和权力制约，司法对行政规章具有终局意义的司法审查权，但这种司法至上的制度模式与我国现有司法理念和制度基础存在冲突。虽然社会主义法治坚持审理者裁判、裁判者负责，但这并不意味着法官就可以仅以自己对法律的认知和解释为唯一裁判依据。相反地，最高人民法院多次强调司法审判要充分实现法律性、政治性和人民性的高度统一。因此，对于金融风险的治理，如果司法完全与具有很强政策性的行政规制分道扬镳，各行其是，明显与我国政治制度的特质相背离。分立式治理机制不仅与我国现有的国家权力安排和政治话语体系存在一定程度的抵牾，也与现代社会法律的开放性格局和发展态势有所背离。产生于工业革命时期的现代法律推崇法律自治，更多强调法律在法律系统里封闭自治运行。然而现代社会的发展已突破既有的法律自治，法律系统的自治性已受到现代法律开放性格局的强烈冲击，现代法律需要积极回应社会的变迁和经济的发展，法律系统需要更多地与其他社会部门之间进行整合，需要与其他社会系统更多地进行专业性知识交流，其话语体系和运行机制也需要伴随社会经济的进步而与时俱进，因此现代法律已从传统的形式理性的发展实现法律的多元化发展。美国学者 R.M. 昂格尔指出，现代法律正在从形式主义向目的性或者政策导向性的法律推理转变。[1]因

〔1〕 参见［美］R.M. 昂格尔：《现代社会中的法律》，吴玉章、周汉华译，中国政法大学出版社1994年版，第181页。

此，如果固守分立式治理的机制架构，法律将因之故步自封无法有效地与时俱进。

第二，在现代社会，金融风险分立式治理缺乏充分正当的智识基础。分立式治理一个重要的正当性基础是法官对相关司法审判的纠纷具有法律的专业性特长，其理论知识和实践经验构成其审判权威的正当性保障。这与在传统社会中，所有纷争都可以通过权利义务以及权责体系来予以阐释和厘清密切相关，而司法掌握着对法律解释和适用的权威话语权，由此铸成了司法享有评判行政规章合法性权力的正当性智识基础。但是，在现代社会中，许多纷争和风险都无法完全纳入权责体系，特别是在金融领域，基于风险控制为目的的部分金融监管规制，无法简单地运用权责话语体系和公正价值来衡量和评价，甚至在一定情形下，为了实现风险治理的目的，反而对市场主体的行为予以一些限制和规范。如银保监会有关第二套住房提高首付和贷款利率的规定就直接限制了消费者的消费自由权。又如，在我国村镇银行的监管制度中，作为大股东的发起行必须承担对村镇银行流动性的兜底担保责任，这实际上突破了传统公司法语境中的股东有限责任规则体系。所引发的问题是，由于这些风险治理措施无法完全转化，其措施的正当性和合理性都无法通过传统权责体系、社会公正甚至利益平衡等予以解释和评判。因此，以传统的民事规则和话语体系来评判这些风险治理措施将存在正当性疑问。此外，由于金融风险具有高强度的传染性，司法裁判者在具体的金融纠纷中是否具有足够的智识判断个案是否给金融市场引致风险以及风险的强度等，都存在一些问题。从这个意义上讲，在现代金融领域的某些情形下分立式治理，司法具有终局的裁决效力就存在正当性的疑问，司法因之就不再具备对一切纷争和行为予以评判的基础。

第三，从金融风险治理的功能有效性而言，分立式治理可能导致金融监管机关成为“无牙的老虎”，助长法律投机主义。传统部门法体系和理论都是建构在专业化分工的基础上，强调部门法的专业适用，各部门法之间有时互不搭界，违反此部门法并不必然导致在另一个部门法领域面临非法性评判，这在民商法和行政法领域则更为明显。具体到金融纠纷化解和金融风险的治理方面，则存在更多的民商法和行政法分离的格局。譬如，在金融监管中，金融风险的治理不仅仅是对行为合规性的审查和要求，而是更多涉及资本充足率、资本收益率、行业集中度等风险指标的监测和监管，这些指标是经过监管机构多年的大数据分析和国际监管通行要求制定的，对金融机构长期稳定经营具有非常重要的风险控制指导意义。金融机构的经营行为，虽然从法律上的形式审查上看并没有违反法律和行政法规的强制性规定，属于意思自治，合法有效，但按照相关监管指标的要求，这些行为一旦突破了监管机构的相关风险监管要求，就有可能引发金融风险。在这种情况下，金融监管机构将对上述违规行为予以处罚，或者是调整监管评级、限制分支机构的开设或者新业务的拓展，或者是直接予以行政处罚、限期整改。而且，金融监管有关风险指标的要求绝大多数是动态变化的，并且根据银行类型的不同而有差异化的规定，因此，不宜通过法律来予以规定。如果按照传统的司法和行政的分立机制，这种在监管者看来是严重违法的行为，却可能因为没有违反法律和行政法规的强制性规定而裁判者认定为完全合法。实践表明，这种分立式治理机制容易滋生或者助长部分市场主体违反监管规定，大行监管套利行为，不仅容易引发金融风险治理专业性的缺失，更将导致金融监管规则成为“无牙的老虎”，无法产生可信的威慑力，最终将消解金融监管机构监管的效力。

第四，从金融风险治理运行结构的科学构建上分析，分立式治理机制将造成金融纷争与金融风险的人为切割，不利于金融风险的系统性治理。

构建司法与行政金融风险治理分立机制的一个重要假设前提是金融纠纷与金融风险治理可以有效切割，司法主要解决金融纠纷，监管部门主要负责金融风险治理。但这仅仅是理想的功能区分，现实运行远非理论假设这么简单。一方面，在我国，现代司法的功能不仅仅局限于定分止争，还担负着化解社会矛盾和风险的职责，如前所述，我国法院被赋予了公共政策法院的现实定位，更促使法院积极从事非司法化社会治理。[1]另一方面，金融纠纷不可能与金融风险进行完全有效切割，部分金融案件，特别是群体性金融纠纷背后都不同程度存在潜在或者现实的金融风险。譬如在大量的非法集资案件背后，往往隐藏着巨大的区域性金融风险。因此，现代各国金融风险的治理目标都是多元的。但是，现代风险社会所引发的对传统分立式治理的挑战在于面对金融市场的规制时，金融市场的交易不是简单根据治理目标就可以人为切割为三种类型，司法对案件的审理及其所产生的规则效应将直接或者间接地对金融风险或者市场公平、透明等问题产生影响，也不可能完全不涉及金融市场的稳定问题，譬如司法对企业破产中金融债权的不当处置可能直接或者间接引发区域性的金融风险。因此，金融风险的治理不能仅仅依靠单一机构各行其是，这种分立式治理无法有效化解风险，现代金融风险需要通力合作和协同治理。如果我们将以民商法为基础的民商事审判与金融行政规制分立治理，是否会引发法律部门体系的人为切割和分离呢？是否会引发当事人预期的弱化，背离法治对确定性的本质要求？

就法律本质而言，法律作为统治阶级意志的集中体现，同一国家的不同法律对行为的评判应该是一致和统一的，如果因部门法的人为切割而造成同一行为合法性的不同评判，是否会引致法律权威性的弱化以及法

〔1〕 参见鲁篱、凌潇：《论法院的非司法化社会治理》，载《现代法学》2014 年第 1 期。

律信仰的动摇呢？综上可知，既往金融风险分立式治理机制已面临正当性和合理性的消解和挑战。在现代社会中，金融审判裁判者不能仅仅因为金融监管规则的法律位阶处于行政规章或者规范性文件序列而随意否定其效力。目前对金融风险的治理，需要司法和金融监管部门的协同治理和优势集成。〔1〕

二、民间金融领域行政权与司法权的配置格局

（一）行政机关的金融贷款利率管制及其改革

1. 中国人民银行的利率管制权源于立法空白授权

中国人民银行作为中央银行享有金融贷款利率监管权，其正当性来源于立法授权。由于利率是货币政策的重要传导渠道，而制定和实施货币政策是一项国家权力，国家通过立法将此项权力授予中国人民银行。国务院早在 1986 年颁布的《银行管理暂行条例》（国发〔1986〕1 号）中即明确由中国人民银行管理存款、贷款利率。《中国人民银行法》（1995 年通过，2003 年修正）规定，中国人民银行负有依法执行货币政策的职责，可就利率作出决定并报国务院批准后执行。这体现为法律对国务院和中国人民银行的“空白授权”，即具体的利率政策，包括是否管制、利率数值和浮动范围等，均由中国人民银行在国务院监督之下决定和执行，其效力等同于法律直接规定了具体的利率政策。〔2〕同时，法律也规定利率管制权是中国人民银行的排他性权力，利率政策由其独立执行。〔3〕

---

〔1〕 参见鲁篱：《论金融司法与金融监管协同治理机制》，载《中国法学》2021 年第 2 期。

〔2〕 参见缪因知：《论利率法定与存款合同意思自治的冲突——以超长存期为中心》，载《中外法学》2014 年第 3 期。

〔3〕 《中国人民银行法》第 7 条，《人民币利率管理规定》（银发〔1999〕77 号）第 3 条、第 4 条。

2. 行政权的自我限缩：利率市场化改革

由于利率管制不利于发挥市场机制作用，中国人民银行从 1987 年开始尝试人民币贷款利率市场化，并在多次调整贷款利率围绕基准利率浮动范围（20%、10%、30%、70% 等）之后，于 2004 年取消浮动上限，2013 年取消浮动下限，从而完成了贷款利率市场化改革。[1]这项改革历时多年，过程艰难，在借鉴各国经验以及自我不断摸索调整中逐渐积累了经验。

贷款利率市场化的价值：第一，能更好地覆盖信用较差借款人的风险溢价，促进金融机构向民营企业提供金融服务；第二，金融机构可利用利息收入弥补贷款损失，从而对冲不良贷款风险；第三，培育国内金融机构的产品自主定价能力和资产负债管理能力，有效参与国际竞争；第四，根据借款人风险状况进行差别定价，优化资源配置。利率市场化改革使得中国人民银行不再对金融贷款利率进行直接的事前干预，构成行政权的自我限缩。然而，利率市场化并不意味着“金融监管权力真空”，也绝非放任金融机构牟取暴利，行政权并未完全退出利率规范领域，而是转向事后监管。[2]

（二）司法机关的民间借贷利率规范与自我权力约束

金融贷款利率管制及其市场化改革均是行政权行使的体现，而司法

---

〔1〕《中国人民银行关于进一步推进利率市场化改革的通知》（银发〔2013〕180 号）将贷款利率管制下限放开，标志着我国人民币贷款利率市场化的完成（个人住房贷款利率因政策原因并未市场化）。

〔2〕 具体措施包括：（1）监测利率，中国人民银行发布《关于按月填报利率监测报表有关事宜的通知》（银发〔2008〕26 号），要求金融机构对存贷款利率水平统计分析后向监管部门报备。（2）专项检查，原银监会发布《关于开展银行业“监管套利、空转套利、关联套利”专项治理工作的通知》（银监办发〔2017〕46 号），重点检查商业银行是否变相提高利率。（3）行政处罚，中国人民银行和国家金融监督管理总局可以根据《银行业监督管理法》等处罚违规行为。

历来仅对民间借贷的利率进行统一规范，二者在二元利率规范体系之下曾经形成了合理分工和权力平衡。新中国成立以来，由最高人民法院对民间借贷利率进行规范具有历史的延续性。[1]目前，最高人民法院事实性地获得了民间借贷利率的管辖权，这已经得到了来自我国立法权与行政权的正面认可。立法层面，1999 年实施的《合同法》第 211 条采用委任条款方式规定自然人借贷不得违反国家有关规定，《合同法释义》[2]指出“国家有关规定”为 1991 年最高人民法院颁布的“四倍利率规则”。在行政层面，中国人民银行在《关于取缔私人钱庄的通知》（银发〔1996〕230 号）以及《关于取缔地下钱庄及打击高利贷行为的通知》（银发〔2002〕30 号）中，均以最高人民法院确立的“四倍利率规则”认定高利贷行为。最高人民法院也恪守民间借贷利率规范权力范围，在 2015 年《关于审理民间借贷案件适用法律若干问题的规定》、2020 年《关于审理民间借贷案件适用法律若干问题的规定》中对自我权力进行了约束，明确“经金融监管部门批准设立的从事贷款业务的金融机构及其分支机构，因发放贷款等

〔1〕 在 1952 年，最高人民法院发布《关于城市借贷超过几分为高利贷的解答》（法办字第 4095 号），明确“私人借贷利率一般不应超过三分”。改革开放之后，商品经济快速发展，借贷纠纷数量激增，最高人民法院在《关于贯彻执行民事政策法律若干问题的意见》（〔1984〕法办字第 112 号）中规定，有息借贷的利率可以适当高于国家银行贷款利率，并于 1991 年正式发布《关于人民法院审理借贷案件的若干意见》〔法（民）〔1991〕21 号〕将民间借贷利率与银行同类贷款利率挂钩，规定前者最高不得超过后者的四倍（四倍利率规则）。后来，鉴于金融贷款利率市场化改革，最高人民法院在 2015 年出台新的司法解释——《关于审理民间借贷案件适用法律若干问题的规定》（法释〔2015〕18 号），将“四倍利率规则”改为“24%~36% 两线三区利率上限标准”。2020 年 8 月 19 日，最高人民法院发布《关于修改〈关于审理民间借贷案件适用法律若干问题的规定〉的决定》（以下简称 2020 年民间借贷司法解释），对 2015 年《最高人民法院关于审理民间借贷案件适用法律若干问题的规定》进行修订，第 29 条第 1 款规定“借贷双方对逾期利率有约定的，从其约定，但是以不超过合同成立时一年期贷款市场报价利率四倍为限”，为各级法院审理民间借贷利率纠纷提供统一的裁判规则，其在时间选择、内容表达等方面，都显示了司法对民间借贷利率确定市场化导向的支持。

〔2〕 参见《合同法释义》，载中国人大网，http：//www.npc.gov.cn/npc/flsyywd/minshang/2000-11/25/content_8374.htm，最后访问日期：2021 年 8 月 11 日。

相关金融业务引发的纠纷，不适用本规定”，体现出对金融贷款行政监管权的尊重。

（三）司法权边界新扩张：介入金融贷款利率干预

随着司法实践的发展，司法权从民间借贷利率控制扩张至金融贷款利率干预。我们将此种边界扩张归纳为两种形式：抽象化规则创制与具象化个案干预。在抽象化规则层面，在第五次全国金融工作会议（2017年）明确了金融服务实体经济任务之后，最高人民法院发布的《关于进一步加强金融审判工作的若干意见》（法发〔2017〕22号）规定，“金融借款合同的借款人以贷款人同时主张的利息、复利、罚息、违约金和其他费用过高，显著背离实际损失为由，请求对总计超过年利率24%的部分予以调减的，应予支持”，从而以“一刀切”方式将民间借贷利率标准统一适用于金融贷款，并未考量影响利率定价的各类因素。2017年12月29日施行的《关于充分发挥审判职能作用为企业家创新创业营造良好法治环境的通知》（法〔2018〕1号）也作出了类似规定。尽管最高人民法院的司法文件不是正式法源，不能作为裁判依据直接适用，但对各级地方法院具有事实上的约束力。最高人民法院创制统一的抽象化规则，要求地方法院将民间借贷利率规范适用于金融贷款，突破了2015年司法解释的权力限制，在结果上可能消解行政机关的利率市场化改革政策。

在个案干预层面，部分地方法院在具体案件审理中对金融贷款利率予以限制，并将典型案例作为裁判指引公布，以期发挥类案影响力。例如，2017年5月上海市第一中级人民法院的《自贸区司法保障白皮书》，包括了金融利率司法干预案件（万邦飞案）。在该案中，个人向商业银行借款逾期年利率超过24%，一审法院认为于法不悖予以确认，二审法院则认为金融贷款利率不应高于民间借贷规定，最终进行了利率限制。司法权以具象化的个案干预方式介入金融贷款利率限制，与抽象化规则层面的介入存在差异，是否合理需结合个案进行分析，然而司法的抽象介入无疑冲击了原本较为平衡的权力配置格局。

三、金融市场风险引发行政权与司法权相处中的困局

在应对金融风险的过程中适时地调整金融监管执法和司法的尺度，金融司法如何回应金融监管政策的需求，这本质上是监管执法理念与司法政策导向之间的博弈。为了挖掘和保护金融创新的活力，有必要放松对某些方面的监管，而为了维护市场秩序和防范金融风险，又需要加强在其他方面的规制，二者之间应该是一个辩证的关系，而不是非此即彼的关系。

（一）审判理念层面：司法监管化趋势

金融创新作为时代的宠儿不仅极大地激活了资本市场的潜力，同时也在资本链条中成倍数地增加了金融风险发生的概率。金融监管规则具有应对金融市场瞬息变化的灵活性，而民商事立法相对而言具有一定的滞后性，导致金融案件中参考市场监管规则的比例较普通商事案件更高。如福建伟杰投资有限公司等诉福州天策实业有限公司营业信托纠纷案（以下简称 529 号裁定），最高人民法院裁定认为，尽管保监会的部门规章《保险公司股权管理办法》不能适用《合同法》第 52 条第 5 项作为否定合同效力的依据，但人民法院可以考察部门规章或其他规范性文件的制定依据和制定目的，从而援引《合同法》第 52 条第 4 项即公共利益条款认定合同无效。又如在北大高科技产业投资有限公司、光大兴陇信托有限责任公司借款合同纠纷案中，法院援引 2018 年 4 月 27 日由人民银行、银

保监会、证监会、外汇管理局联合印发的《关于规范金融机构资产管理业务的指导意见》第22条的规定，确认存量银信通道业务合同有效。上述裁判结果显示，金融监管部门的政策导向将不同程度地影响金融司法裁判尺度的变化。

（二）法律适用层面：监管规则的司法适用

金融立法有时在金融市场风险的应对上显得灵活性不足，司法裁判者面对含有新型交易结构的纠纷时往往陷入无法可依的困境。如在（2016）沪0118民初8174号案件中，郭某与孙某签订《上海A投资管理有限公司委托理财协议》，郭某以个人名义设立信托账户，并开立子账户的方式委托孙某管理操作，孙某全权代理操作并管理子账户，使用的交易系统为HOMS独立委托版（钱江版）。法院审理后认为，郭某与孙某的行为应当按照证监会《关于清理整顿违法从事证券业务活动的意见》清理整顿，进而认定两人之间签订的委托理财协议因损害社会公共利益而无效。再如深圳市中级人民法院发布的《关于审理场外股票融资合同纠纷案件的裁判指引》（以下简称《裁判指引》），一方面承认场外股票融资合同是一种“未经金融监督管理部门批准，法人、自然人或其他组织之间”进行的融资炒股交易，属于《合同法》第52条第4、5项规定的情形，“应当认定为无效合同”；另一方面在当事人民事责任的认定与损失分配方面却维持了配资合同约定的状态。[1]前述案例及《裁判指引》表明，处理金融纠纷尤其是涉金融创新交易模式的纠纷时，仅适用《合同法》《物权法》等法律规定难以满足对各类涉金融新型交易结构的法律判断需求，参考位阶较低的监管规则或政策精神是不可避免的。

〔1〕 参见刘燕：《场外配资纠纷处理的司法进路与突破——兼评深圳中院的〈裁判指引〉》，载《法学》2016年第4期。

(三)司法认定层面:“穿透式审查”与当事人意思自治的偏差

法哲学理论认为,两个事物之间的关系,包括法律关系,并非一成不变,而处于一个持续不断地生成、变更和消灭的运动过程中,导致这种变化的主要因素是事实和行为。[1]虽然“穿透式审查”在金融审判中越来越具有较高的接受度,但因“穿透式审查”源于“穿透式监管”,着眼于降低金融市场系统性风险的目标,“穿透式审查”裁判方法的运行逻辑与崇尚意思自治的金融商事审判传统理念之间仍容易出现偏离。如在(2017)最高法民终907号北京天悦投资发展有限公司、安信信托股份有限公司合同纠纷案裁定中,法院认为双方签订的《股权收益权转让及回购协议》实质上并非《信托公司管理办法》规定的“买入返售”合同,双方真实交易目的在于通过出卖而后回购的方式以价金名义融通金钱,则《股权收益权转让及回购协议》不属于《合同法》规定的有名合同。上述裁定实则进行了穿透式司法审查,不认为合同名称或文义表述是判断案件法律关系的实质因素,而应穿透合同表面内容审查当事人交易行为背后的真实表意,由此引发“穿透式审查”与当事人意思自治如何衡平的争论。投资者或金融机构一方多倾向于金融司法要保持边界,以维护当事人的意思自治,不主张轻易变更当事人的合同约定,从而更好地防范金融市场上的履约风险。

长期以来,在民间金融的监管问题上,司法权与行政权始终难以准确地划分各自的边界,尤其是随着社会经济形势和国家宏观调控政策的变动,更对司法与监管的微妙关系提出了极富差异化的要求。值得关注的是,在“管制—规避管制—金融创新—调整法规—新的管制”这一金融司法、监管与市场的闭合循环过程中,司法裁判者与行政执法者之间的界限

---

〔1〕 参见孙国华:《法理学》,法律出版社1995年版,第33页。

因为权力的博弈而时刻处于动态调整当中，金融司法和金融监管融合之路径何在？

四、习近平法治思想引领下金融监管与司法审判关系的再协调

本节对金融领域行政监管与司法裁判之间关系的分析表明：相较其他一般社会经济领域，金融在市场机制中的内在机理和外部风险的特殊性使行政与司法的关系更加微妙和复杂化了。金融创新在便利的市场交易手段下得以迅速发展，金融契约结构日趋复杂化，其信息不对称程度增加，对整体金融乃至国民经济的潜在风险也变得难以识别，也导致事前的行政监管手段与事后的司法裁判手段之间可能产生的矛盾更加凸显。基于防范风险和治理市场失灵的考虑，事前的金融行政监管显然应当更加积极和有所作为，当前的政府权力运作过程也反映了这一态势。与之相对，经典的司法裁判活动却可能继续依照其固有的实施惯性坚守消极、中立和保守的裁判策略。如果仅依据形式主义、意思自治、鼓励交易等传统的裁判逻辑应对民间金融司法纠纷问题，裁判过程可能无法有效地弥合民间金融缔约双方之间的不平等问题，也无法及时、准确地识别一些民间金融创新活动可能潜伏的风险问题。换言之，传统的司法裁判手段可能难以缝合当代金融发展背景下个体金融契约有效性与群体金融风险不确定性之间的矛盾。反之，如果金融司法裁判承袭了金融领域行政监管的法规、规范性文件的相关规定，将其运用到对具体金融契约效力的辨别中，又有可能走向另一个极端，混淆了司法裁判与行政监管理应具有的边界和分工，这又会对司法的独立性品格产生影响，司法有可能会变为金融监管机制的变相延伸。概言之，面对日趋复杂和风险不确定的民间金融，司法裁判如何进行适度变革，令其在突破传统司法逻辑的桎梏，发挥更强

能动性的同时，又不至于丧失自身固有的独立性品格，是在处理民间金融穿透式监管逻辑渗透至司法裁判过程中时，最应当关注和精准研判的学术课题。

在新时代对金融监管与司法裁判之间关系的妥当协调，显然应当立足于习近平法治思想的引领之下，依照全面依法治国的基本逻辑，予以妥善、精密、科学的解决。习近平法治思想对全面依法治国所设计的战略布局：坚持依法治国、依法执政、依法行政共同推进，法治国家、法治政府、法治社会一体建设。[1]在金融领域行政监管与司法裁判的关系问题上，要立足于中国的金融审判实践，通过理论联系实际的形式，进行分类、总结、调适和改造。毫不夸张地说，在当前的国民经济体系下，没有任何一个社会领域像金融一样，既繁荣，又脆弱；既生机勃勃，又暗藏风险。故而，在金融领域，市场失灵的客观现实注定了要更优、更好地发挥行政监管的作用，这就为金融领域行政监管与司法裁判之间关系的处理提出了更高的挑战。作为法律实施环节的重要组成部分，事前的金融行政监管执法和事后的金融司法裁判均是社会治理及其法治化安排的重要内容。但是，由于实施主体、干预时间、工作逻辑的差别，金融行政监管与金融司法裁判必然呈现一定的矛盾和分歧，这是我们在新时代全面依法治国工作中所必须关注和回应的重要社会命题。若金融监管和司法能够依托各自的独特优势和功能，相互制衡、相互分工和相互联系，实现优势互补和协同治理的良好效果。所以，金融审判与金融监管的协同治理应成为重塑金融风险治理机制不二之选，这个机制强调金融审判和金融监管地位平等、协同治理、相互配合，强化沟通和协调。协同治理不是基于纯理

〔1〕 参见《习近平法治思想概论》编写组：《习近平法治思想概论》，高等教育出版社 2021 年版，第 174 页。

论图景下社会权力的分工与制衡，更多的是基于对我国真实世界中行政权力、司法权力以及对金融风险综合治理的模式构造和制度安排。

整体而言，结合我国的金融规制实践，金融审判与金融监管之间的关系呈现如下四种样态：

第一种：直接统一金融审判与金融监管的规则，即金融审判尊重金融监管的相关规则和要求，以金融监管的规则作为合同效力的判断依据。这种情况在《合同法》颁布以前最为常见。在改革开放初期，我国实行的是计划经济，因此 1981 年颁行的《经济合同法》第 7 条第 1 款第 1 项明确规定违反国家政策的经济合同无效，实践中，司法裁判也总是以违反金融法规为由确定相关合同无效。譬如，在企业之间借贷纠纷的案例中，中国人民银行颁布的《贷款通则》以及中国人民银行出具的《关于对企业间借贷问题的答复》成为各地法院判决企业之间借贷合同无效的重要依据。特别需要指出的是，近几年，最高人民法院似乎又开始在金融案件中回归金融审判与金融监管统一标准的运行模式。如 2017 年，最高人民法院在《关于进一步加强金融审判工作的若干意见》第 25 条就明确提出金融审判要加强与金融监管的沟通和协调，而前述 2018 年的三个案例以及 2019 年《九民纪要》的相关规定，更是凸显出金融审判主动靠近金融监管的态度和立场。

第二种：金融审判与金融监管各自适用不同的规制规则。在这种情形中，司法裁判并不过多考量金融监管的具体规则，完全根据法律和行政法规的规定来裁定。这种裁判思路在原《合同法》颁布以后大行其道。由于原《合同法》第 52 条规定只有违反法律和行政法规的合同无效，因此，各地法院在涉及行政规章对效力的规定时，大多数情形下是不考虑行政规章的规定，完全按照法律和行政法规的规定来裁决合同效力和主导司法裁判。譬如，在前述企业之间的借贷问题上，原《合同法》颁布以后虽然仍有部分法院以违反金融法规为由裁定合同无效，但是已经有很多法院通过司法指导意见或者具体案例认定合同有效。[1]此外，在原《合同法》颁布以后，最高人民法院还通过强制性规定和管理性规定的区分，进一步限缩了决定合同效力的法律和行政法规的数量和类别。虽然何为强制性规定和管理性规定至今仍无通说和统一标准，但在这样一种司法政策的引领下，各地法院对金融监管规则的忽视就更加司空见惯。如成都市高新区人民法院在有关信用卡利率的案件中，法官通过对规章旨意的解读就直接否定了中国人民银行有关滞纳金明文规定的适用。[2]

第三种：金融审判通过相关司法政策直接介入金融监管规则的制定，代金融监管立规或者直接修改金融监管规则。在这方面，最高人民法院通过司法政策确定金融市场利率的做法最为典型。现代国家利率的制定权通常都归属于中央银行，这是国家职能分工和利率确定专业性的必然要求。然而，我们看到最高人民法院多次主动介入金融市场利率的管制和确定，在民间借贷利率方面，最高人民法院多次确定民间借贷的最高利率。2020 年《关于审理民间借贷案件适用法律若干问题的规定》确定民间借贷的最高利率为不超过一年期贷款市场报价利率的 4 倍，修改了 2017 年“两档三空间”的规定。[3]2017 年《关于进一步加强金融审判工作的若干意见》第 2 条中直接将正规金融年化利率法律保护的最高标准确定为 24%，最高人民法院在事实上成为我国贷款利率的重要制定者。对此有学者提出了批评，认为这严重违反了权力分工中应当遵循的专业性

〔1〕 参见黄忠：《企业间借贷合同无效论之检讨》，载《清华法学》2013 年第 4 期。

〔2〕 参见成都市高新技术产业开发区人民法院民事判决书，（2015）高新民初 6730 号。虽然后来中国人民银行也修订了相关规则，但其中所蕴含的权力冲突及其合理性问题值得进一步深思。

〔3〕 参见最高人民法院 2020 年 8 月 19 日发布的《关于审理民间借贷案件适用法律若干问题的规定》（法释〔2020〕6 号）。

原则和在先管制原则。[1]

第四种：金融审判中的司法权力主动让位于金融监管。在某些情况下，我们也可以发现司法权力会将一些原本属于司法自身专业的事项主动交由金融监管部门来处理，譬如证券市场虚假陈述行政前置程序的规定就是典型。2002年，针对当时我国证券市场虚假陈述大行其道、众多投资者因此血本无归、投诉无门的现象，最高人民法院基于对当时社会舆情的回应，出台了《关于受理证券市场因虚假陈述引发的民事侵权纠纷案件有关问题的通知》(已失效)，主动放弃了原本属于司法专享且擅长的事实认定的权力，规定人民法院受理虚假陈述的案件前提是该案件已经被中国证监会行政处罚并生效。虽然最高人民法院出台上述规定在当时具有一定的合理性，但尊重专业性和规避政治风险可能是其中的重要因由。[2]

以上四种样态呈现以下特点：其一，法院对待金融监管规则之适用的态度前后摇摆，甚至在同一个时期，不同级别、不同区域的法院对金融监管规则的态度迥然不同。因此，在一定程度上，时间也许并不是我们理解该问题和发现演进路径的关键钥匙。其二，法院对行政规章的态度也不是完全以法律规定为依归。即使在原《合同法》颁行以后，各地法院对于违反行政规章的合同效力认定迥异，对于行政规章的规定是否可以作为合同效力的依据或者将其纳入违反社会公共利益进而适用原《合同法》第52条第4项予以考量的问题，各地法官们莫衷一是，常常出现同案不同判的现象。其三，司法与行政关系的变迁，更多的是基于司法权的主动作为，相关事例都反映出司法对金融监管的主动迎合或者相反予以拒绝，

〔1〕参见苏盼：《司法对金融监管的介入及其权力边界——以金融贷款利率规范为例》，载《上海财经大学学报》2019年第3期。

〔2〕参见鲁篱：《证券民事赔偿若干问题探讨——兼评最高人民法院关于审理证券民事赔偿案件的规定》，载《财经科学》2004年第3期。

几乎没有发现金融监管部门主动介入司法专业领域。即使最能反映金融监管介入司法权力运行的证券市场虚假陈述中关于行政前置程序的规定，也是出自最高人民法院的司法解释，并不是证监会行政规章的规定。其四，金融审判对金融监管规则的选择性适用，更多的是基于司法公共性政策等因素的考量和权衡。我们通过对司法对金融行政规章态度取舍的背景分析和考量不难发现，法院对金融行政规章的态度，更多取决于行政规章所蕴含的政策性要素是否重要，特别是如果该行政规章所体现的政策性要素得到中央的高度强调和认可，法院则更倾向于尊重行政规章的规定，展现出更主动趋近行政规章的立场。

总体而言，法院对金融监管规则的态度和立场的出发点，更多的不是基于法律因素而是政治性的考量，在于对国家更高层面的政策安排的关注。假设某一问题没有引起党和国家的高度重视，法院将会按照固有的民商法思维传统回归原有轨道，而如果党和国家特别关注行政监管的重要性，强调金融风险治理，则法院的态度和立场就会转向对行政监管规则的尊重。譬如在2017年中央金融工作会议之后，最高人民法院紧急出台《关于进一步加强金融审判工作的若干意见》，其中明确要求各地法院金融审判应当充分考虑金融监管的规定，积极与金融监管部门沟通。政治性考量作为我国法院对金融监管规则的态度和立场选择的主要因素，其实具有相当合理性和正确性。但是，法院摇摆的态度以及背后的理由都无法使社会公众，特别是法律共同体成员对其态度和立场产生高度认同和自觉遵守。那么，法院在司法裁判中是否应当遵循或者尊重金融监管部门规章的规定？法院应否确立对金融监管规则具有稳定性预期和长期坚守的态度和立场？[1]金融监管与司法裁判之间关系的处理，是否需要

〔1〕 参见鲁篱：《论金融司法与金融监管协同治理机制》，载《中国法学》2021年第2期。

一个更为健全、精准、体系化的法律规范结构?

第二节 穿透式裁判:将穿透式金融监管规则融入司法过程

在金融法领域,单个合同系微观交易活动的呈现,众多合同积聚形成的契约群则从合同法角度解读了金融系统性风险的产生之源。有学者认为 2008 年次贷危机从其本质看是一场信用危机,即由贷款合同下的借款人大规模违约所造成,其中“大规模”是金融系统性风险语境下合同违约的主要特征。大规模违约及其违约责任乃金融系统性风险在合同法中的对应,这一概念从合同违约角度反思金融系统性风险问题,其提出和阐述实现了法律逻辑与金融逻辑的有效对接。[1]在此基础上,金融法中存在大量由多元合同组成的合同群体,这些合同群体共同构成了权利义务网络,同时这些合同群体之间存在确定的关联性。金融法中的合同群体在利益主体、权利义务、违约责任以及时间维度形成多元性与关联性的统一,进而形成金融领域系统性的单一契约群甚或超级契约群。单一契约群与超级契约群分别对应金融法的中观视角与宏观视角,单一契约群的违约将造成局部性的系统性风险,而超级契约群的违约则将产生影响整个金融行业的全局性系统性风险。因此,从合同法角度分析,金融系统性风险的产生归根结底在于金融交易中的大规模违约及责任。[2]当前我国金融体

〔1〕 参见陈醇:《金融领域的大规模违约对违约责任制度的挑战》,载《西北政法大学学报(法律科学)》2015 年第 6 期。

〔2〕 参见陈醇:《金融领域的大规模违约对违约责任制度的挑战》,载《西北政法大学学报(法律科学)》2015 年第 6 期。

系正面临严峻的系统性风险挑战，鉴于金融交易的集聚效应下，众多个体商事不端行为可能引发整个市场秩序的混乱，金融风险防控应当从传统宏观层面集体行为的调节转换至对个体微观活动的关注。由于各种关联合同所构成的契约群是金融系统性风险产生的根源，因此从风险源头控制的角度，通过对合同效力的否定以减少合同链上的交易数量，也可反向规制主体控制交易通道，进而限制合同规模以及契约群链接的过度扩张，从而达到控制系统性风险之目的。〔1〕

一、民间金融穿透式裁判：习近平法治思想引领下的内涵界定与逻辑展开

习近平总书记指出："各地区各部门要采取有效措施，做好稳就业、稳金融、稳外贸、稳外资、稳投资、稳预期工作，保持经济运行在合理区间。"〔2〕立足于风险防范的角度探讨民间金融监管与裁判之间的协调问题，即要将穿透式金融监管规则适度融入司法过程，在保持司法应有的独立性、公正性品格基础之上，适度地以实质正义的理念和态度回应民间金融风险防范的现实问题，弥合个体金融契约与整体金融风险之间的缝隙，令有效金融公共规制的理念和逻辑从事前的金融监管向事后的金融裁判领域延伸，进而在整体和系统意义上做好风险应对工作。这既是推动经济高质量发展和做好风险化解工作的要求，更是全面推进依法治国、在金融工作的细微之处落实习近平法治思想的必然体现。

〔1〕 参见陈秋竹：《金融监管规则介入司法裁判的合理性及其限度——基于穿透式监管对商事合同效力认定的影响》，载《南方金融》2021年第3期。

〔2〕 习近平：《坚持底线思维，着力防范化解重大风险》（2019年1月21日），载《习近平谈治国理政》第三卷，外文出版社2020年版。

因此，将金融领域的穿透式监管适度引入到审判领域，塑造“穿透式裁判”的司法理念与司法范式，打破了金融监管与民商事行为之间牢不可破的壁垒，在此基础上借助司法手段判定合同效力可实现金融风险化解从宏观到微观层面的路径转换，有助于促进金融监管目标之达成以及金融监管效益的提升，从而构建金融审判与金融监管治理金融风险的协同机制，将监管与审判的功能予以联动，在整体意义上应对当前正在发生的金融领域现实问题。分析此种做法优势之处，主要有以下几点：

其一，监管真空的填补。在对金融交易主体行为审查的商事案件审理中，若过度关注金融交易的“契约形式”而不根据其实质性质进行纠偏，很可能造成裁判对“经营行为”本身违法性及其侵犯法益层次的认识不足。以场外配资为例，实践中常存在各类以“借贷”“委托理财”“投资合作”等为名的具有非典型契约外观的合同形式，以掩饰其“场外配资”这一交易实质。对于这些交易活动，在司法实践中若完全遵循其外部表现形式而忽视内在风险审查，可能导致司法裁判沦为非法经营活动的“救济”或“庇护”。同时，司法裁判理念与金融监管目标的偏离，将弱化金融市场监管的整体效果，进而导致金融监管有效性的降低。[1]事实上，在金融监管实践中，由于金融机构规避监管的天然倾向，监管机构一般很难直接发现金融机构的违规行为，尤其民间金融借贷关系，常常具有相当的隐蔽性，金融监管的执法力度及深度相较司法机关存在明显弱势，而司法机关通过金融案件审理关注于金融机构微观活动，恰恰能够有效弥补监管视域上的不足。金融监管为金融司法裁判者多打开了一扇了解市场

〔1〕 参见郭玲：《后危机时代我国金融监管与司法实践中的法益权衡——以我国股市场外配资为视角》，载《人民论坛·学术前沿》2019 年第 15 期。

规则、探究当事人真实意思表示的窗口，并能为法律适用提供可参考的规则与经验。金融司法可以增强监管规则的普遍适用性并提升规范化工作水平。如卡多佐言，妥协是法律成长原则中很重要的一条。[1]金融司法与金融监管之间进行磨合和调试，必将在一定时期内伴随金融司法的成长而成为一种趋势，金融司法也会由此走上自处更强大、他处更和谐的发展道路。

因此，通过灵活的司法解释将金融监管规则纳入司法，为司法机关有效发挥金融监管效能提供了可能。与此同时，当前我国行政审批改革已经取得一定进展，金融领域审批制也在稳步推进，因此金融领域管制本身也在朝着私法自治与社会共治的路径进行转型，在此背景下将金融监管规章制度纳入司法中民商事主体行为效力的裁判体系，有助于去除金融监管"真空化"的担忧，在实质层面增强对个体权益的切实维护。

其二，交易秩序的加强。能动司法加大违规行为规范力度。考虑到金融领域涉及的问题较为复杂、专业性强、影响面大，金融领域立法一般较为慎重。但同时由于一国经济发展日新月异，金融创新活动层出不穷，金融法律的制定落后于金融市场实际发展水平这一情况较为普遍，因而当前金融领域行为人权利义务安排主要以部门规章等规范性文件的形式进行。实际上，通过司法裁判对金融市场主体行为进行规范，并对金融案件当事人的权利义务重新做出调配，是弥补金融法规不足的一个更为便捷的途径。[2]

传统金融监管从事前准入、事中监测和事后处罚等角度规范金融机构活动，而司法手段主要从事后救济的角度出发，以平衡当事人的利益。

---

〔1〕 参见［美］本杰明·卡多佐：《司法过程的性质》，苏力译，商务出版社 1998 年版，第 18 页。

〔2〕 参见朱大旗：《关于金融司法监管的整体思考——以司法推进金融法治为视角》，载《法学》2012 年第 5 期。

司法手段规范金融机构行为的一大优势在于其能动性，在司法审理中可通过个案处理的方式打击金融交易中出现的虚假交易、蓄意拉长交易链条等活动，尤其在民间金融借贷案件中，这类案件往往隐蔽性较强，且涉案人员及组织常常不具备成熟的金融主体身份，其行为相较于规范的商事行为，多具有不规范性、多样性及复杂性，难有一般规律可循。因此，通用的行政规章面对此类案件常常难以将其复杂关系完全穿透，而司法机关自身性质特殊，其审查专门针对个案展开，其审查行为的穿透性也即审查内容的力度和深度是行政监管所无法比拟的，能够在很大程度上弥补金融监管手段的空白，通过司法手段完全穿透民间借贷案件的复杂关系，有针对性和彻底性地完结民间借贷案件，进而为金融机构开展活动树立明确以及符合市场经济规律的标杆。

但是，金融监管对现代金融风险治理的独特贡献和功能优势绝不意味着司法无所作为。如果因此司法裁判就完全滑落到唯行政规制马首是瞻的格局，难免引致社会权力分工的紊乱和行政权力的专断，限缩私人自治的空间，影响司法作为社会公正最后维护者的角色定位，对整个社会权力的有效运行和监督制约同样是不利的。虽然实际上，绝大部分传统的金融交易都可以在现有民商法体系中得到合理解释和有效运用，在对金融纷争的解决和处理方面，特别是投资者合法权益的保护方面，司法仍然应当发挥主要的作用和功效。金融监管规则虽然数量众多，但基于人的有限理性，人为的规则设计无法涵摄和预判金融市场的各类风险，而既有的司法裁判方法和技艺正好可以在个案中通过裁判弥补这一监管漏洞。在监管规则缺失的背景下，司法的裁判技术具有重要的规则补充的作用和功效。

为了实现协同治理，我们要明确树立“穿透式裁判”的理念，即在保持司法中立、公正品格的前提下，将金融穿透式监管的有关逻辑适度渗透至司法裁判领域，在司法裁判技术运用过程中，适度回应金融合同缔结时形式与实质之背离，因应控制金融系统性风险、保护金融消费者合法权益的时代需求，进而促进金融审判与金融监管之间的相互配合与沟通协调。《九民纪要》在引言部分提出，应当“注意处理好民商事审判与行政监管的关系，通过穿透式审判思维，查明当事人的真实意思，探求真实法律关系”。从穿透式审判思维的司法源头来看，主要目的在于解决民商事审判与行政监管的关系。因此很多学者对于穿透式审判思维的研究侧重点放到合同效力的审查上，但从另一个维度来看，之所以引入“穿透式”的审判思维，底层逻辑是为了实现“实质正义大于形式正义”。从这个维度讲，穿透式审判思维不能只应用在合同效力方面，而应该贯穿民间金融案件审理的方方面面。

二、民间金融穿透式裁判的功能定位

（一）从事前监管之“穿透”到事后裁判之“穿透”

为了维护金融市场的秩序，减少系统性风险，2017 年我国金融监管趋势急转直下监管目标转向规范金融创新、限制和降低业务杠杆、严防系统风险为主要特点的强监管、严监管态势。监管部门针对银行、证券和保险等主要金融业务领域开始密集出台了一系列部门规章。尤其是 2018 年 4 月 27 日《关于规范金融机构资产管理业务的指导意见》的出台明确对资管行业加大监管力度，这标志着资管领域强监管时代的到来。[1]在监管政策的影响下 2017 年 8 月最高人民法院发布了《关于进一步加强金融审判工作的若干意见》，要求法院在金融案件审理中，对于以金融创新为

〔1〕 参见沈宇锋：《资管新规监管背景及逻辑》，载《投资者》2018 年第 3 期。

名掩盖金融风险、规避金融监管、进行制度套利的金融违规行为，要以实际构成的法律关系确定效力。《关于进一步加强金融审判工作的若干意见》的出台表明最高人民法院积极推动金融审判主动参与资本市场环境建设，配合监管机构对金融风险进行防范。自此，穿透式监管从事前的公共规制领域开始适度渗透到事后司法裁判领域，通过监管与裁判的有效协同，针对民间金融的规制体系开始致力于宏观金融风险防范与微观个体利益保护的有效融合。

在金融风险治理中，金融监管规则在处理金融纠纷和化解金融风险方面具有相当的功能优势。不可否认，这些功能优势是司法裁判程序难以提供的。首先，金融监管规则具有更强的专业性。金融交易作为特殊的市场交易，具有很强的专业性，特别是现代金融衍生品交易日新月异，其所涉及的新型交易关系更为复杂，相关的数理基础尤为深奥，由此带来的知识壁垒无疑对绝大多数法官而言是难以逾越的鸿沟。法官依托民商事知识体系来对金融纠纷作出司法裁判进而实现对现代金融风险治理，存在力有不逮的困境和壁垒。虽然法官在既有司法裁判规则中可以通过专家意见来消解因知识的局限所引发的专业性壁垒问题，但是面对越来越多的金融纠纷，如果都试图通过外聘专家来克服知识局限性，显然缺乏足够的现实可行性。其次，金融监管规则具有更强的及时性。金融创新如证券市场的高频交易、银行间市场的各种金融衍生品交易等如何及时认知和掌握其风险，快速确立相应的规则体系，对于各国而言无疑是一大挑战。现代金融监管规则更多是以解决问题为导向，其监管规则并不受制于已有范畴体系的约束，不追求过多的理论合理性、价值合理性以及范畴准确性之间的高度统一。由于金融监管机构长期从事金融实践，其经由实践经验累积的反应对金融风险的感知更加灵敏，往往能够迅速捕捉到潜在的金融风险，更为迅捷地回应现实的纷争，制定更具有针对性的解决方案。因此，现代各国都将治理金融风险的职责主要赋予行政监管部门。巴塞尔委员会 2012 年修订发布的《有效银行监管核心原则》中明确规定，各国银行监管的首要目标应是促进银行和银行体系的安全稳健运行，如果监管机构被赋予更广泛的职责，其他目标应当服从这一首要目标，不得与之冲突。[1]为更好地回应金融创新对金融风险治理的挑战，各国金融监管机构纷纷通过监管沙盒、创新性窗口、先行先试等监管试验措施来应对因金融创新而面临的监管真空或者监管缺失问题，这些举措都体现了金融监管对金融纷争和风险治理的及时性。最后，金融监管规则具有更强的针对性。例如，国家为了消解房地产行业的“泡沫”，抑制房价的不断上涨，相关金融监管政策不允许银行向“四证不全”的房地产企业发放贷款。但现实生活中这类贷款需求很大，而且相当部分银行自认为风险可控，所以在监管政策明令禁止下，一些银行与信托公司合作，通过信托公司做通道，间接地将贷款发放给“四证不全”的房地产企业。在这种连带性交易关系中，如果把关联交易合同结合起来予以整体评判，就会发现它规避了金融监管政策的禁止性规定，容易导致国家对房地产管控政策失效并可能引发社会整体性金融风险。金融监管机构通过对该类监管套利行为予以否定性评价和行政处罚，对金融风险的防范十分重要，体现出更强的针对性。在金融违法行为的惩处方面，金融监管规则也体现出更强的针对性。一般而言，司法裁判对金融纠纷特别是金融违法行为的惩罚，往往仅限于确认无效，构成犯罪则以刑罚惩处。毫无疑问，这些措施对违法者具有一定的威慑力。但是，如果考虑到司法机关案件受理的被动性，以及违法行为查处的概率和违法行为的情节、程度等，就会发现，

〔1〕 参见鲁篱：《论金融司法与金融监管协同治理机制》，载《中国法学》2021 年第 2 期。

司法机关对金融违法行为惩处的手段是较为单一的，作用有限的。金融监管机构在这方面有先天的优势，其可以实施的惩处方式多样，譬如暂停高管任命、停止开办新网点和新业务、声誉处罚、停业整顿、撤销金融牌照等，这些措施都因其多样性和针对性而对金融风险的治理更加有效。

尽管金融监管具有上述无可替代的功能优势，但这也并不意味着金融监管可以孤立运行。整体而言，作为当代社会公共规制工具的一环，金融监管主要是事前的、行政性的，而金融裁判则代表着事后的、司法性的干预形式。金融穿透式裁判的理念即要强调，在保持司法中立、公正品格的前提下，将金融穿透式监管的有关逻辑适度渗透至司法裁判领域，在司法裁判技术运用过程中，适度回应金融合同缔结时形式与实质之背离，以满足控制金融系统性风险、保护金融消费者合法权益的时代需求，进而促进金融审判与金融监管之间的相互配合、沟通协调与协同治理。换言之，通过民间金融的穿透式裁判，我们得以实现从事前监管之“穿透”到事后裁判之“穿透”的功能变革。

现代金融交易是信息极不对称的市场交易，如果对金融交易不予以必要的国家干预和介入，仅仅依赖基于意思自治的合同规则是无法有效规范金融交易、防范金融风险的。正因如此，在现代社会，伴随金融监管对金融交易监管力度的加强，相关金融监管规则对金融机构都规定了若干的法律义务。这些监管规则既有对金融机构审慎经营的规定，也有对金融机构行为的合规性要求，同时还有不少监管要求其实就是对民商事义务规定的细化和标准化要求。在民间金融领域，针对行业整体的事前金融监管和针对具体个案的时候金融裁判并非完全割裂，任何一个私法层面的个体商事交易行为在公共利益维度也将产生一定的影响，相互关联的商事合同共同构成具有组织特征和深远影响的契约群，在处理这些契约群的过程中，如果依然遵循传统的外观主义、效率主义、形式主义之逻辑，进行消极裁判，则难以控制金融系统性风险产生的合同之源。故而，应当在个案司法裁判中，借助各种司法解释方法进行详尽的论证说理，在进行充分法益权衡评估的基础上，使穿透式的金融监管规则得以介入司法裁判。〔1〕换言之，只有通过穿透式裁判，才能真正意义上实现民间金融监管与司法裁判合理性与合法性的有机统一，真正意义上实现事前金融监管与事后金融裁判的有机统一。

（二）从消极外观主义裁判到积极能动主义裁判

金融创新在一定程度上是为了规避监管而产生的，在强监管的立法与政策的背景下处于灰色地带的金融创新可能面临"合规"风险。当这些金融创新案件进入司法审判层面，受强监管立法及政策的影响，法院对于金融创新合同的效力认定也面临前所未有的挑战。〔2〕那么金融审判是否应该主动配合强监管的政策，对金融合同的合规性进行严格审查，对规避监管的合同进行效力否定？一方面，金融裁判如果与金融监管规则完全保持一致性，配合监管立法及政策，那么可能会推翻之前认定金融合同有效的同类案件，这可能违背司法裁判标准的稳定性；另一方面，如果金融审判完全无视监管立法及政策，草率地依据外观主义认定金融合同有效，则会削弱金融监管的执行效力，不符合防范化解重大金融风险的总体目的。因此，在强监管的立法与政策环境下，金融审判如何在金融合同效力的认定上厘清与金融监管的关系尤为重要。我们对穿透式裁判的主张

〔1〕 参见陈秋竹：《金融监管规则介入司法裁判的合理性及其限度——基于穿透式监管对商事合同效力认定的影响》，载《南方金融》2021 年第 3 期。

〔2〕 参见最高人民法院关丽法官：《强监管背景下的金融商事审判》，载 http：/www.chinaiprlaw.cn/index.php?id=5380，最后访问日期：2021 年 7 月 17 日。

和倡导，是要力图打破过于保守、消极的纯粹外观主义的裁判进路，毕竟这已经不符合当前金融深度发展的现状，但是，这也绝非完全舍弃司法裁判应有的中立性，片面追究金融裁判与金融监管的逻辑完全合一。换言之，穿透式裁判所倡导的从消极外观主义裁判到积极能动主义裁判的转换，是适度、克制、存在边界的。

以前对于金融合同效力认定，金融审判长期秉持谦抑性，不轻易认定为无效，坚持“严格限制合同无效的准据法”和“严格限制抽象概念的适用范围”的合同效力认定思路。一般而言，在《民法典》实施以前，对合同无效的认定应主要以《合同法》第 52 条作为法律依据。而“严格限制合同无效的准据法”体现在《最高人民法院关于适用〈中华人民共和国合同法〉若干问题的解释（一）》和《最高人民法院关于适用〈中华人民共和国合同法〉若干问题的解释（二）》之中。[1]以上两个司法解释对确认合同无效的准据法进行了明确的规定，即应当以全国人大及其常委会制定的法律和国务院制定的行政法规为依据，不得以地方性法规、行政规章为依据，还明确了《合同法》第 52 条中的强制性规定一般是指效力性强制性规定。

在强监管背景下，表面上金融监管司法化的产生是由于金融监管政策对金融审判的客观影响，但该现象的产生有着更深层次的原因，对此进行探究可以认清穿透式金融裁判的如下本质：

其一，穿透式裁判是金融领域行政权与司法权再分配的过程。近年来，金融监管权限存在明显的扩张趋势，金融监管机构几乎掌控着全部

---

〔1〕《最高人民法院关于适用〈中华人民共和国合同法〉若干问题的解释（一）》第 4 条进一步明确人民法院不得以地方性法规、行政规章为依据确认合同无效；且《最高人民法院关于适用〈中华人民共和国合同法〉若干问题的解释（二）》第 14 条明确确认合同无效的强制性规定是指效力性强制性规定。

的金融创新剩余立法权，金融法律、金融审判与金融发展之间产生了一定的断裂。金融领域的司法裁判长期恪守一般的民商事审判逻辑，对纷繁复杂的金融契约长期恪守所谓“外观主义”逻辑。一些通过合法形式掩盖非法融资目的的金融契约，在司法裁判层面难以被判处无效，而是仅依据其外观的合意形态予以认定和实施，致使很多金融合同的弱势一方不得不接受不公正的合同实施结果，不利于解决民间金融近年来多发的形式与实质相互背离的问题，更不利于保护金融消费者权益和控制系统性金融风险。故穿透式裁判逻辑的引入，实际上是呼唤法院在符合自身司法机构职业伦理与职业定位的基础上，以一种更能动、积极的姿态回应金融审判领域的现实问题，适度地令金融领域的公权力格局进行重置，事前的行政监管权的既定职能适度向事后的司法裁判权的职能分散、转移，进而重振能动型司法，进而“建立良性的司法与政治的互动机制”。〔1〕

其二，穿透式裁判是法官衡平政府干预（公法）与意思自治（私法）的过程。司法审判是法官对各种价值综合考量的结果，这种价值考量具有发展性、阶段性和场域性，哪一种价值更值得保护在特定的历史阶段具有正确性，但是，当客观情况发生变化后这种结论就可能发生变更。〔2〕金融市场自产生以来就一直有政府干预与意思自治的博弈，而这场博弈背后是金融公平和金融效率、金融公法和金融私法两种价值理念的此消彼长。金融审判既要考虑到政府监管政策对于金融风险防范与化解、维护公共利益的金融公法管控任务维护金融公平，又要尊重金融私法中交易主体意思自治，支持和促进金融创新，维护金融效率。在强监管的政策背景

〔1〕 顾培东：《能动司法若干问题研究》，载《中国法学》2010年第4期。

〔2〕 参见张建伟、李妍：《复杂性、法律适应性与金融法之艺术》，载《金融法苑》2016年第1期。

下，维护金融市场公平是当前中国金融市场的阶段性特征，金融监管的任务侧重于金融风险的防范和化解。法官在金融审判中也需要将当前的金融市场的阶段性特征考虑在内，使金融审判结果契合时代特征。合同效力认定的趋严化正是法官以一种更为积极能动的姿态对于维护金融交易安全价值这一时代命题的回应。

其三，穿透式裁判是法官协调外观主义与实质主义的结果。在金融监管司法化中，对于名实不符的表面合同，法院往往以表面合同为通谋虚伪表示为由认定合同无效。在金融审判过程中法官面临复杂的金融交易结构，要想探究当事人之间真实的法律关系，就需要逆向地对合同目的进行考察。〔1〕裁判机关可能采取"穿透式审查"认定交易的最终目的来确定实际法律关系。"穿透式审查交易"是金融监管机构采取的监管方法通过实质性穿透，找到真正的投资人并明确各种产品的资金来源、资金运用、投资方向，但是法官如果从保护权利外观的角度来认定法律关系，此时遵循的就是形式主义。〔2〕在这种主义下，法官严格按照合同文本进行解释，这时候的裁判结果是逻辑的、可预测的。如果法官探究合同深层的目的，以金融监管的穿透式审查进行实质认定，那么这种情况下法官则是在遵循实质主义。在"明股实债""股权代持"等案件中，法官均面临着遵循商法外观主义与探究真实合同目二者之间的抉择，法官通过对金融机构股权代持、银信通道业务、各种收益权转让回购等合同效力的否定，助力金融监管风险防化，实现了司法规制作用的最大化。在金融监管司法化的趋势中，以规范性文件、指导性文件等为载体的监管规则对民事合同效力认定将具有更强的影响力，有利于纾解资管行业行政监管与民事审判

〔1〕 参见雷继平:《资管新规: 司法的监管化趋势对资管纠纷裁判的影响》，载微信公众号"金杜研究院"2021 年 6 月 28 日，https://mp.weixin.qq.com./s/k/801OwxBnI9 psn38hB3GpQ。

〔2〕 参见叶金强:《合同解释: 私法自治、信赖保护与衡平考量》，载《中外法学》2004 年第 1 期。

间的冲突，实现金融审判与金融监管的双向联动。金融审判尊重金融监管立法和政策，将金融监管的目标作为金融案件审判中的考量因素，保持了与金融监管规则和政策的一致性。正如学者所言，“形式主义与实质主义在不同裁判者手中的调和，这是中国当下司法裁判标准多元化的根本原因”。〔1〕

（三）从宏观金融风险防范到微观个体权益保护

金融领域与一般行业相比既有共性也有特殊性，一方面，金融交易活动遵循着与传统民商事交易相同的逻辑，即通过合同完成权利义务的分配；另一方面，金融商事领域受监管政策影响明显，具有典型的风险交易特质，这对金融审判提出了更高的挑战。〔2〕在金融交易日趋复杂化的背景下，当前整个行业风险集聚，通过有效的司法手段防范金融风险、维护金融市场秩序、引导和规范金融商事交易和创新，是司法实现社会效果和法律效果统一的功能和责任所在。表面上看，个人之间的违约、侵权行为在金融领域混业经营趋势之下，金融契约多层嵌套造成了金融交易的复杂化，单个行为产生的危害性往往因其规模性和传导性而在链式反应下造成公共利益的严重损害，微观视角下的“法无禁止则自由”的实际效果呈现严重缺陷。若一味强调个体交易安全而无视金融市场中众多合同之间关联性，完全遵循“意思自治”“过错责任”等民事原则并将其作为判定合同效力的评价标准和规则指引，不仅无法对违反市场监管规则的活动形成有效惩戒，反而可能增强违规主体的侥幸心理，影响市场经营

〔1〕　参见雷继平：《资管新规：司法的监管化趋势对资管纠纷裁判的影响》，载微信公众号“金杜研究院”2021 年 6 月 28 日，https://mp.weixin.qq.com./s/k/801OwxBnI9 psn38hB3GpQ。

〔2〕　参见丁冬：《金融司法的逻辑——中国金融司法专门化的组织构建与未来走向》，华东政法大学 2019 年博士学位论文。

秩序。

金融市场宏观系统性风险的产生和爆发，往往是通过大量微观金融交易活动集聚而成，金融活动多表现为大量同质性交易反复进行并进而形成一对多、多对多主体之间的复杂法律关系。[1]换言之，金融交易涉及的庞大合同群落构成了整个金融体系的枝干，同时众多合同联合而成的契约群又是金融系统性风险的根源所在。因此，相互关联的交易合同所构成的系统未得到司法裁判足够关切，进而造成整个金融市场安全价值的疏忽和匮乏。

三、民间金融穿透式裁判的具体规则

在金融高度创新、民间金融迅速发展乃至无序扩张的大背景下，传统以民商法为理论基础的金融审判在面对现代金融市场迅捷发展的态势，无疑存在知识性缺失等诸多方面的局限。在当代经济社会发展背景下，立足于民商法知识体系的传统金融审判逻辑已无法完全应对现代各类复杂化的金融纠纷。现代金融监管具有独特的功能优势，司法与监管分立治理金融风险的制度机制面临正当性的拷问和质疑。因此，在现代风险社会中，必须重新审视和科学构建金融审判与金融监管之间的关系，在顶层设计上更好地保障金融市场的安全稳定运行以及投资者权益保护，使金融风险得以更好地防范和治理。在此种条件下，将金融领域的穿透式监管适度引入到审判领域，塑造所谓“穿透式裁判”的司法理念与司法范式，有利于构建金融审判与金融监管治理金融风险的协同机制，真正意义上将监管与审判的功能予以联动。整体而言，民间金融穿透式裁判主要包含两个逻辑前后关联的具体规则体系：一是对民间金融契约关系的穿

〔1〕 参见宋晓燕：《论金融风险控制的司法路径》，载《中国应用法学》2019 年第 5 期。

透式定性；二是对民间金融违法后果的穿透式调查。

（一）民间金融契约关系的穿透式定性

依照传统的民商事法律规则体系，当代的民间金融契约关系呈现很强的商事性。商事性民间金融通常意味着以常态化、职业化、营利性的逻辑运营民间金融，其所涉及的人员范围、地域范围和资本范围都远超过一般民间借贷，在数字经济手段的助推下，其经营效率更是得以急速发展。如果依照一般商事案件的裁判逻辑，此类民间金融契约关系仍应当主要遵循意思自治、契约自由、外观主义、效率注意的逻辑予以定性、审判。但是，在民间金融契约关系中，借贷双方通常在财产能力、意思能力、议价能力方面表现出极大的差别，传统的消极中立的商事裁判逻辑通常意味着对弱势的金融消费者一方较严重的不公平。尤其是近年来，伴随着互联网技术的深化发展，各类游走于灰色地带的互联网民间金融像“蝗虫”一样迅速扩散和发展，若对其潜在风险欠缺及时的回应和监管，将有可能危及整体金融秩序乃至国民经济运行，此时，裁判领域再片面依循外观主义、形式主义的逻辑处理民间金融契约关系的定性问题，也无助于有效遏制此类大宗金融契约所隐藏的系统性风险。

故而，民间金融穿透式裁判的重要规则要求在于，应对各类复杂的、多层嵌套民间金融契约关系予以穿透式定性，进而刺破通过复杂契约关系所遮掩的金融面纱，真正意义上识别在契约结构下所隐藏的借贷双方真实的意思表达与规则指向。一方面，在涉及金融交易关系的效力判断方面，如果涉案行为属于金融监管规则明确禁止的行为，法院应当予以尊重并因此裁定相关交易行为的合同无效。换言之，目前最高人民法院所确立的违反法律强制性规范无效的规定，应当扩展到金融行政规章，而不仅限于法律和行政法规层面。当然，基于对行政过度侵扰私人自治的担忧，同时也是基于对已有效力性规范和管理性规范的学术共识的认同，这里应当将导致合同无效违反的金融行政规章仅限于效力性的金融行政规章。另一方面，在涉及金融交易违约责任的判断方面，应将尊重、实施金融监管规则作为金融机构在金融契约关系中的默示担保责任范围，违背金融监管规则即应推定为其突破了信托责任中注意义务和忠实义务的当然要求。亦即，凡是违反了金融监管规则的行为，均应当判定金融机构违反注意义务或者忠实义务。

穿透式方法在司法审判过程中的运用是和金融监管政策紧密相连的。在严监管时期，金融监管政策收紧，金融审判理应受到政策导向的影响，此时就应较多运用穿透式方法，刺探交易背后的真实目的，突破外观主义的法律关系，从把握交易关系的实质出发进行定性，以确保金融监管规则目标的实现。〔1〕在穿透式裁判范式的适用过程中，对民间金融契约关系的穿透式定性，是立足于此目标定位，真正弥合现实契约缔结、实施过程中的结构性缺憾。

（二）民间金融违法后果的穿透式调查

局限于传统的民商事法律效力的角度而言，单个民间金融契约关系即便存在违反法律、法规强行性规定的情形，其社会危害后果也主要是个体层面的——通常是对某个具体金融合同相对人财产权或人身权的损害。如果束缚于这一逻辑，对民间金融违法后果的调查和裁判可能会极度保守，无非通过对个体损害予以填补，使其恢复到初始状态即可。但是，当下民间金融运行所呈现的急迫问题：个体金融契约的违法后果和整体风险的衍生、传导与扩散完全不在同一层面。如果一宗同类民间金融

〔1〕 参见李浩晨：《论金融审判中的穿透式司法——基于辨别“股”与“债”案例的观察》，载《法制与经济》2020 年第 2 期。

“契约束”所涉及的社会群体范围足够广，一起表面上看来社会影响较小的民间金融契约，也有可能会产生足以颠覆整体金融体系乃至国民经济的影响力。概言之，在民间金融领域，个体商事交易行为在公共利益维度将产生影响，而相互关联的商事合同共同构成的契约群，也是金融系统性风险产生的合同之源。[1]

故而，在穿透式裁判的逻辑下，评价、衡量和预防单个金融契约违法后果的标准时，都应当将单个金融契约置于整体金融体系乃至国民经济体系中去考量，审慎、全面、精准地评价其现实违法性和社会危害后果。我国《合同法》一贯强调合同相对性理论，即合同效力仅发生在合同缔结当事人之间，不对第三人产生权利义务的约束。就交易个体角度而言，合同相对性理论能够最大限度地保障金融交易的稳定性和安全性，但是金融活动表现为大量的同质性交易反复进行、并进而形成一对多、多对多主体之间的复杂法律关系。[2]若仍一味强调个体交易安全而无视金融市场中众多合同之间关联性，就可能使相互关联的交易合同所构成的系统未得到足够关切，进而造成整个金融市场安全价值的疏忽和匮乏。金融法中的合同群体在利益主体、权利义务、违约责任以及时间维度形成多元性与关联性的统一，进而形成金融领域系统性的单一契约群甚或超级契约群。单一契约群的违约将造成局部性的系统性风险，而超级契约群的违约则将产生影响整个金融行业的全局性系统性风险。因此，从合同法角度分析，金融系统性风险的产生归根结底在于金融交易中的大规模违约

〔1〕 参见陈秋竹：《金融监管规则介入司法裁判的合理性及其限度——基于穿透式监管对商事合同效力认定的影响》，载《南方金融》2021 年第 3 期。

〔2〕 参见宋晓燕：《论金融风险控制的司法路径》，载《中国应用法学》2019 年第 5 期。

及责任，[1]金融风险防控应当从传统宏观层面集体行为的调节转换至对个体微观活动的关注，通过对合同效力的否定和相关主体责任的追究，加大当事人和利益相关者的违约成本，减少合同链上的交易数量，反向规制主体，控制交易通道，进而限制合同规模以及契约群链接的过度扩张，从而达到控制系统性风险之目的。[2]

〔1〕 参见陈醇：《金融领域的大规模违约对违约责任制度的挑战》，载《西北政法大学学报（法律科学）》2015年第6期。

〔2〕 参见陈秋竹：《金融监管规则介入司法裁判的合理性及其限度——基于穿透式监管对商事合同效力认定的影响》，载《南方金融》2021年第3期。

第三章

穿透式监管融入民间金融司法裁判的现状与问题

第一节　民间金融司法裁判现状

一、整体情况

近年来，资产管理随着我国社会主义市场经济的迅猛发展，资本市场不断更新迭代，各种各样的资管产品迅速涌现，金融产品的交易模式也日新月异，但随之而来的是频繁的经济纠纷、资管乱象，甚至引发金融经济业务犯罪，因此引起了实务界的高度关注。2019 年，时任最高人民法院院长周强在《九民纪要》中提出，由于金融业务的不断创新，给司法实践和金融监管提出了巨大的挑战，面对可能发生的系统性金融风险，给监管措施和司法审判提出了新的要求，传统“三段论”的司法审判思维已不再适用，因此“穿透式审判思维”模式应运而生。周强院长提出要对金融创新业务进行“穿透式监管”，对金融业务纠纷实施“穿透式审判”。即正确认定多层嵌套交易合同下的真实交易关系，打破刚性兑付。通过功能监管的方式，将表面上是合法金融行为的金融违法行为进行规制，刺透其违法行为的本质，探索当事人内心真实想法，发现当事人之间最真实的法律关系，以真实的法律关系确定当事人之间的权利义务，以规避金融运行中的风险。在实际审理案件过程中，要处理好民事金融案件与金融监管之间的关系，应当做到以实际的法律关系去探寻当事人的权利义务以及认定合同效力。“穿透式审判模式”其目的在于追求实质正义，实现司法的实质正义，遵循“实质重于形式”的原则，揭开金融产品表面的业务标签，刺透金融产品的“神秘身份”，以金融业务的本质为逻辑起点，以线性方式将资金端来源、中间交易环节和投资者终端连接起来，规避以往传统的机械司法、教条司法的弊端，贯彻落实“穿透式裁判”。

2015 年最高人民法院发布《关于审理民间借贷案件适用法律若干问题的规定》(以下简称称《民间借贷司法解释》)。在《民间借贷司法解释》之前，《商业银行法》《非法金融机构和非法金融业务活动取缔办法》《贷款通则》均规定企业间拆借属于违法行为，也就是说，在该司法解释出现以前，经营性的民间借贷在法律上被予以否定评价。与此同时，若将这种穿透式的司法审判思维反映到债权融资上面，也就是司法实践中常说的“名股实债”行为。而民间借贷效力获得金融政策监管的肯定评价后，司法机关则对该系列案件较少采取穿透式方法审查实质权利义务关系，而是更尊重当事人之间的意思自治，尊重商事外观主义。但是梳理当前司法解释和会议纪要均可看出，穿透式审判在民间金融融资案件中有不断加强的趋势。

二、司法裁判对防控民间金融风险之不足

随着我国民间金融从以“生活性”为主逐渐转变为“生产性”为主，从以“互助性”逐渐转变为“互利性”为主，从以“地下状态”为主逐渐转变为“地上状态”，民间金融的风险也从“简单化”“低风险”向“复杂化”“高风险”转变。传统互助性的民间借贷与高级形态的民间金融尽管都统称为“民间金融”，但是二者的契约结构和法律属性呈现较大差别。

如果说互助性民间借贷是以传统的“一对一”“闲置资金调剂”，法律形式以民事合同为主要特征，高级形态的民间金融则具有程度不等的“组织性”特点，如商业性的贷款公司等，通过向个人业主或中小企业放贷来营利，其经营过程具有较强的逐利性，已经是一种纯粹的商事行为了。商事性民间金融则意味着以常态化、规模化、职业化、营利性的逻辑

运营民间金融，所涉及的人员范围、地域范围和资本范围都远超传统的民间借贷，在数字经济手段的助推下，借助“互联网 +”的便利，很多商事性的民间融资业务得以在互联网环境下完成，其效率性大为提高。同时，互联网化也放大了商事性民间融资可能产生的社会风险，其风险传导速度也显著加快。正因如此，近年来，伴随互联网技术的深化发展，各类游走于灰色地带的互联网民间金融迅速扩散和发展，其潜在的风险亟待监管，否则将有可能危及整体金融秩序乃至国民经济运行。

（一）司法对借贷合同效力的裁判尺度不一，影响民间金融法治化发展。

在民间金融中，民间借贷行为时有发生，其中的企业间借贷合同更是不可或缺，此种合同指的是发生在非金融机构企业之间，以一方向另一方支付货币，并在约定期限内还本付息为内容的合同。[1]从企业间借贷行为自身出发，其在我国经历了从严格禁止到有条件认可的变化过程，而2015 年最高人民法院发布了新的民间借贷司法解释标志着企业间借贷被正式纳入民间借贷的范围中。然而，即使企业间借贷已经有司法解释对其予以认可，但在实践中，不同地域各级法院在判定此类合约的效力时仍然存在法律适用不当的现象。

通过检索中国裁判文书网可见，司法机关否定行为效力的主要依据是金融监管法律法规，例如：第一，司法机关适用《银行业监督管理法》第 19 条的案例。最高人民法院在一则判决中认为，因贷方并未获得经营借贷的金融业务许可，其行为属于“从事银行业金融业务活动”，因而否

〔1〕 参见龙翼飞、杨建文：《企业间借贷合同的效力认定及责任承担》，载《现代法学》2008 年第 2 期。

定了两公司之间签订的借款协议的法律效果。〔1〕江苏一基层人民法院也曾经在判决书中依据该法律判定，原告淮安亿唐生物工程有限公司不具有法律特定的业务资质，故双方的协议无效。第二，司法机关适用国务院《非法金融机构和非法金融业务活动取缔办法》(以下简称《非法金融取缔办法》)第5条第1款的案例。审结于2016年2月12日的王某声与九江联达建设有限公司、厦门市利泰隆进出口有限公司企业借贷纠纷案中，审理法院认为两主体之间的行为属于“擅自从事金融业务活动”。〔2〕第三，司法机关适用《贷款通则》第61条的案例。2015年5月13日河北邱县法院判决认为原告邱县银雪棉业有限责任公司属于非金融企业，未持有经央行同意发出的经营许可证，不具有向企业发放借款的法定资质，却借款给被告邯郸市乾昕纺织有限公司，双方签订的借款合同因违反《贷款通则》的规定而无效。青岛市城阳区人民法院于2015年7月28日就两家企业的借贷纠纷作出判决，也认为因为原告青岛禹璇食品有限公司不具备中国人民银行《贷款通则》规定的贷款资格和条件，其对外贷款的行为违反了有关金融法规，故否定其行为效力。〔3〕

上述裁判思维在实务中绝非特例，但是其裁判理由并非在法理上无懈可击，因为企业将自己所有的闲置资金暂时出借，未必都属于“金融业务活动”或“银行业金融机构业务活动”：(1)借贷行为是偶然、临时和特定的，其行为对象不具备银行法中所指发放对象的普遍和非定向之特征。(2)此类行为也并非“经营行为”。经营行为的本质应当是一种商事行为，主体要将某类行为作为其基本业务，为了实现其成立的目标而在其拥

〔1〕 最高人民法院民事判决书，(2013)民二终字第119号。

〔2〕 最高人民法院民事判决书，(2014)民提字第138号。

〔3〕 济南市历下区人民法院民事判决书，(2015)历商初字第353号；江苏省苏州市吴江区人民法院民事判决书，(2015)吴江商初字第00936号。

有权利能力的所有时间内均连续实施这种行为，该行为应当同时具有获利目的和重复性。[1]但是上述案例指向的行为不具有这些特征。更有甚者，在不明确指出行为违背具体规则的情形下，直接以“违反有关金融法规”为由，依照合同法中效力否定的第五种情形作出判决。[2]以上裁判文书在判断企业借贷合同效力时大量援引相关公法层面的金融监管规则，显然对金融法律法规有着强烈的依赖，而忽视了契约在私法领域的效力规则，尤其是作为部门规章的《贷款通则》显然并非完全可适用的法源。

对金融法规的过度适用极大地侵害了中小企业产权，也对市场活动和金融创新的伤害。在企业产权制度下，企业对自己的资金可以进行自由支配和使用，这种资金自主权体现在资金的筹集、投放、调动以及获利的分配等方面，[3]中小型民营企业自主选择筹措资金的方式和对象是产权制度的应有之义。这种无视企业自主权的做法引起了法律界乃至金融界的不断抨击，曾任中国人民银行副行长的吴晓灵曾明确表示：“出于对产权的尊重，国家应当给资金拥有者以运用资金的自由。政府应当一边加深信息公开，严格制裁资金造假，一边放宽对资金的管束，让筹措资本的一方和投放资本的一方都能自己决策。”[4]

（二）关于利率计算标准的裁判尺度不一

在现有法治环境下，风险溢价难以被纳入现行金融监管制度。在 P2P 网络借贷的暴雷事件中，穿透监管在对网络借贷平台以及借款人的借贷行

---

〔1〕 参见岳彩申：《民间借贷规制的重点及立法建议》，载《中国法学》2011 年第 5 期。

〔2〕 银川中级人民法院民事判决书，(2013)银民商初字第 63 号，该判决于 2016 年 10 月 27 日作出。

〔3〕 参见解沧所：《对“两则”中有关企业理财自主权问题之浅见》，载《现代企业》1995 年第 12 期。

〔4〕 参见李卫玲、吴晓灵：《民间借贷市场应予关注》，载《国际金融报》2005 年 2 月 21 日，第 1 版。

为过程的监管方面是缺位的，其结果是将这些流动性极强的民间资金置于了虚拟且封闭的交易环境中，其中的风险无法及时曝光。尤其是，P2P 网络借贷市场中的畸高利息，即利率溢价缺乏穿透监管，这使借贷双方都陷入短期利益最大化的陷阱之中，加剧风险溢价，最终导致暴雷。

整体而言，在现有监管体系和法律规定环境下，司法实务对民间金融的利息、利率的裁判计算标准并不统一。从最高人民法院的《关于贯彻执行〈中华人民共和国民法通则〉若干问题的意见（试行）》，到 1991 年颁行的《关于人民法院审理借贷案件的若干意见》，再到 2015 年的《关于审理民间借贷案件适用法律若干问题的规定》，又到 2020 年 8 月的修订版，几经变动。尤其是在 2015 年的《关于审理民间借贷案件适用法律若干问题的规定》中，民间借贷利息标准不与银行利率挂钩，而是划分为两线三档，将 24%~36% 的利率区间设定为自然债务，在 2020 年 8 月的修订版中又以 LPR 来取代上述 24% 的标准。以上努力使得有关民间金融的利率规定更加明确，并且提高了上限，放松了利率管制，有利于民间金融的发展，相较之前的“四倍红线”而言的确提供了更大的灵活性。

但是，这样的灵活性仍然十分有限。对民间借贷利率的过度干预忽视了民间融资“短、快、灵”的特性，掩盖了真实的资金需求状况，也取消了资金遵循市场规律的自由配置，与市场经济的天性相左。[1]因为利率的高低体现着出借人对借款人违约风险的评估，由于中小企业的经营风险较大，其违约风险也远高于其他借款主体，而高利率也并非百害而无一利，其本身有着对高风险进行合理补偿的作用。同时，中小企业参与的民间借贷偏向约定高利率也与其借款周期短有关。通常借期越长违约风险越高，所以在银行贷款中利率随借期的增加而提高。但是，在民间借贷

〔1〕 参见强力:《我国民间融资利率规制的法律问题》，载《中国政法大学学报》2012 年第 5 期。

中，出借人还需要综合考虑其他因素。其中比较重要的考量因素是，在短期借款中，出借人难免会产生额外的交易成本。一方面，频繁的借款和还款造成前后两笔借款的间断，资金出现了闲置期，出借人会因资金的闲置而损失部分利息；另一方面，出借人需要耗费更多的成本去寻找下一位借款人。所以，在短期民间借贷中，出借人不得不选择约定更高的利息来外化交易成本。经营风险大、借款周期短、担保财产少，使中小企业借贷约定高额利息的概率远高于自然人之间的借贷。因此，中小企业对高利率的认可并非“慌不择路”，也不是在暴利驱使下所作出的昏聩决定。中小企业选择从民间借贷市场筹措资金，往往是因为其生产经营面临暂时性的资金周转问题，缺少足够的流动资金。[1]这种情况下的借款期限通常比较短，并且企业存在预估的收益（如较短时间内可以顺利收回应收账款），只要经营顺利，负担实际利息并非难事。由此可见，中小企业向其他企业或者自然人借贷时，承诺支付较高的利息具有一定的合理性，也正因如此，司法解释的规定在充分考量实际状况的前提下进行制定或许更有利于民间金融法治化的实现。

另外，有限的灵活性还造成了意想不到的负效应。2020 年最高人民法院发布的民间借贷司法解释降低了民间借贷利率标准，规定借款人有权要求返还其自愿支付并且已经支付的民间借贷司法解释发布前的利息，还规定“2020 年 8 月 20 日之后人民法院新受理的一审民间借贷纠纷案件，无论借贷行为发生于何时，一律适用新上限”。此条款规定使民间借贷司法解释具有了一定程度的溯及力，引发了一些借款人故意选择拖欠借款，进而寻求法律诉讼保护，或者在诉讼中故意混淆借贷行为和诉讼时间，借此享受“新规”的红利，达到少归还部分欠息的目的，这无疑加

〔1〕 参见熊年春：《中小企业民间借贷风险管控思考》，载《风险管理》2011 年第 11 期。

大了民间借贷机构的回款难度。

这种处理方式是否能够起到对民间金融的有效监管呢？这至少在逻辑上无法自洽。就民间借贷而言，基于自愿与诚信，借贷双方的借贷行为是无法直接被监管，现行监管制度也基本上无法参与到对借贷双方均为自然人的借贷情形中。如果民间金融的监管不能监控资金的流向，又不能获知资金流动之后的信息，则仍然不能从根本上实现有效规范民间金融秩序的目标。

（三）司法裁判没有完全与金融监管实现对接

1. 对民间借贷的分类规定不一

最早的《关于贯彻执行〈中华人民共和国民法通则〉若干问题的意见（试行）》就利率问题区分了生产经营性借贷和生活性借贷，但是没有作出进一步的界定。最高人民法院 2015 年颁行的《关于审理民间借贷案件适用法律若干问题的规定》和现行《民法典》合同编的规定并没有区分借款性质。在过去的民间借贷案件中，借款的用途往往是生活性消费或“救急”，侧重于解决个人生活困难，互助性质居多。[1]但是，当前我国发展得如火如荼的民间借贷则以经营性用途为主，营利性成为民间借贷的主要特征。[2]现行立法并未对二者的利率问题进行分类规制，实则加大了监管

---

〔1〕 参见强力:《我国民间融资利率规制的法律问题》，载《中国政法大学学报》2012 年第 5 期。

〔2〕 通过监测调查分析，2011 年，1100 亿元温州民间借贷资金的具体用途分布如下：用于一般生产经营的占 35%，即 380 多亿元，主要是一般社会主体直接借出和小额贷款公司放贷的资金；用于房地产项目投资或集资炒房的占 20%，即 220 亿元，包括一些人以融资中介的名义，或者由多家融资中介联手，在社会上筹集资金，用于外地房地产项目投资，也包括一些个人在亲友中集资炒房；由一般社会主体（个人为主）借给民间中介的占 20%，即 220 亿元；由民间中介借出，被借款人用于还贷垫款、票据保证金垫款、验资垫款等短期周转的占 20%，即 220 亿元。一般社会主体和民间中介这两部分的借贷债权或资金（合计 40%）没有直接进入生产、投资等领域，而是停留在民间借贷市场上。资料来源：http://zjnews.zjol.com.cn/05zjnews/system/2011/07/22/017702208.shtml，最后访问日期：2021 年 12 月 1 日。

难度。在营利性民间借贷逐渐成为主流的背景下，若相关法律法规无法对民间借贷的分类作出明确区分，那么就极易出现监管越权或监管式盲区等现象。

2. 对超出利率高限的高利贷惩戒力度不够

根据之前的中国人民银行和最高人民法院发布的相关文件，利率超过中国人民银行公布的金融机构同期、同档次贷款利率4倍以上就应当界定为高利借贷行为，但是，对于这种高利借贷行为如何惩戒理论界和实务界均有不同声音。2015年《关于审理民间借贷案件适用法律若干问题的规定》对高利贷的处置仅仅是“不予保护”，说明目前最高人民法院对高利贷的态度是非常谨慎和温和的，也反映出立法界、理论界对于高利贷的问题始终没有达成共识。高利贷作为一种经济现象，有其存在的现实土壤，能够解决个别借款人的资金急需，但总体上看高利贷弊大于利，对经济发展会产生负面影响，特别是其可能引发诸多社会问题。[1]学界和实务界多有呼声应将高利贷界定为犯罪行为，[2]认为只有这样才能有力地惩治高利贷活动和相关犯罪，切实保障符合法律的民间融资行为，维护良好的社会秩序。然而，由于融资信息的不对称和中小企业自身在资金能力方面的局限性，中小企业难以获得金融机构的青睐，在融资信贷方面一直处于弱势地位。[3]对于借款人而言，能借到资金解决燃眉之急是最迫切的现实需要，这必然导致其处于陷入任人宰割的天然劣势之中。因此，如果对高利贷行为缺乏事先和事中的监管，而仅在出现高利贷行为之后才加以规制的做法本身是不是就存在权益保障迟滞的问题呢?

---

〔1〕 参见周韶龙:《对高利贷的法律规制》，载《西南政法大学学报》2013年第2期。

〔2〕 参见陈兴良:《论发放高利贷罪及其刑事责任》，载《政法学刊》1990年第2期。

〔3〕 参见钟兵:《信息不对称对中小企业融资的影响分析及其对策》，载《北方经济》2008年第3期。

（四）刑事裁判难度大，形成对民间金融的“双刃剑”

民间金融不属于正规金融，其在发展过程中需要面对诸多问题，譬如，出于手续不规范，诚信系统不健全等因素，许多企业尤其是民营企业往往无法按时偿还借款，民间借贷纠纷便因此产生。然而，此类纠纷并非只涉及借贷行为，其常与非法经营案件、非法获取公共存款以及集资诈骗案件往往交织在一起，形成刑民交叉现象。刑民交叉案件是民间借贷纠纷案件审理中的又一焦点问题，主要涉及程序、民事合同效力认定，以及维护当事人合法权益等问题，是司法界和实务界共同面临的巨大难题。解决这类案件困难重重，案件复杂需要查证较多事实，当事双方行为合法与否、是否涉及非法集资等问题一旦认定不清，整个案件就难以得到妥善处理，这必将对民间金融市场的发展产生负面影响。

1. 对“套路贷”行为的审理困难

对于民间借贷案件的处理，越来越多的债务人会在案件审理过程中提出借贷行为涉及“套路贷”，认为出借人涉嫌犯罪，应当被追究法律责任，甚至是刑事责任。“套路贷”是指出借人以民间借贷的名义，哄骗、迫使借贷人签订一系列表面合法实则是变相“借贷”“抵押”，并在相关合同、协议签订后，通过违法犯罪行为强迫借贷人还款的行为。“套路贷”行为的实质是非法占有他人财产，出借人通过一系列非法行为诱骗被害人“签约”“借钱”，然后通过恐吓威胁等非法的方式催促其还款及畸高的利息。“套路贷”案件是民间借贷纠纷案件高发后出现的新类型，而且隐蔽性强，往往隐藏于正常的民间借贷纠纷案件中，发现和处理难度极大，对法院和法官是一大考验。

涉及“套路贷”案件审理中的疑难问题是涉“套路贷”案件事实难以

查明，借款人举证困难。民间借贷的核心在于借款合意及款项交付这两个要素，而“套路贷”正是通过这两点来大做文章。首先，出借人为了获得借贷人的信任，往往会提前与其约定好高额的利率，或是直接签订利率虚高的假合同以对借贷行为进行合法包装；其次，在合同签订后，出借人则通过制造款项交付证据来伪造出合法的证据链；最后，出借人利用借贷人急需用钱的弱点实行趁火打劫，通过虚假承诺（如称高出的部分不用偿还等）等一些方式让借款人收到的金额远远小于“证据”上显示的金额，以此形成虚假的证据链条。面对这样一条完整的证据链，即使借贷人主张签订了空白合同、出借人恶意制造违约等抗辩意见，也往往会因其属于消极事实而陷入举证困难。

对于法官而言，面对此类情况，出于个人法学素养和实践经验的差异，如果将“套路贷”作为普通案件处理，无疑会致使被害人权益受损，导致人民群众对司法机关的评价降低。但是，如果不适地把普通民间借贷纠纷上升为“套路贷”进行刑事打击，又必将形成对市场机制的过度干预，伤害民间金融的活力。

2. 虚假诉讼猖獗增加司法审查的难度

随着我国经济结构的变化和市场经济的繁荣，市场经济主体从事经济活动的趋利性更加明显，实践中，由于欠条极易制造或伪造，利用“欠条”制造借贷纠纷，试图逃避其他赔偿义务、离婚前转移夫妻共同财产或者将赌债、高利贷、违法行为的“活动费”等非法债权合法化的虚假诉讼日益增多，严重影响了正常的司法审判。尤其是双方通谋的情况，如对被告主动承认或部分承认借款事实进行审查时，审查过松，容易使虚假诉讼得逞；审查过严，又恐损害真实债权人的合法权益。

虚假诉讼人之所以能通过虚假诉讼达到其逐利目的，资金监管的缺位负有主要原因，即现行监管制度无法对虚假诉讼的涉案资金开展有效地控制，进而让犯罪分子有了可乘之机。就此而言，若能通过穿透式监管对涉案资金进行了解，那么虚假诉讼行为就能最大限度被扼杀于摇篮，这样不仅有利于保护无辜的当事人及其合法权利，更有利于减少刑事活动对民间金融活动的介入，进而推动其法治化进程。

3. 非法集资犯罪入罪门槛不断降低

实践中，非法集资罪的适用呈现“井喷式”的局面，从打击力度上看，它已经有向“口袋罪”演化的趋势。在一定意义上，非法集资罪的扩张性适用，不仅导致融资刑事法律风险的扩大，还会抑制中小企业的民间融资活动，在根本上不利于民营企业的发展。

首先，在现行法律规定中，企业没有进行社会公开宣传，仅在企业内部向员工，或者向亲友等特定对象进行的融资行为，是被排除在非法吸收公共存款和变相吸收公共存款犯罪行为之外的，也就是说企业内部集资一般不会涉及刑事风险。但是，为了避免企业利用法律漏洞进行非法的民间融资，最高人民法院、最高人民检察院和公安部对企业内部集资行为进一步明确，对企业内部集资刑事风险作出了法律解释。如果企业是以吸收资金为目的将社会人员聘用为企业员工，并且涉及人数众多，则可以认定企业的融资行为违反法律规定，属于非法吸收公共存款行为，构成刑事犯罪。

其次，2010 年 12 月 13 日《最高人民法院关于审理非法集资刑事案件具体应用法律若干问题的解释》(法释〔2010〕18 号，以下简称 2010 年《解释》)将非法吸收公众存款罪解释为“违反国家金融管理法律规定，向社会公众（包括单位和个人）吸收资金的行为”，即“违反国家金融管理法律规定”是该罪名成立的前提条件。最高人民法院相关负责人就此指出，只有金融管理法规明确禁止的吸收资金的行为才符合这里的违法性要件。[1]这是符合行政法基本原理的，但是后来的发展似乎背离了这一初衷。

根据2010年《解释》的规定，非法吸收公众存款罪必须同时具备以下四个条件：(1)非法性，即未经有关部门依法批准或者借用合法经营的形式吸收资金；(2)公开性，即通过媒体、推介会、传单、手机短信等途径向社会公开宣传；(3)利诱性，即承诺在一定期限内以货币、实物、股权等方式还本付息或者给付回报；(4)社会性，即向社会公众(社会不特定对象)吸收资金，并且特别强调，未向社会公开宣传，在亲友或者单位内部针对特定对象吸收资金的，不属于非法吸收或者变相吸收公众存款。至于集资诈骗罪，则是在上述基础上加以非法占有为目的之要件。该解释发布仅几个月之后，2011年8月18日，最高人民法院又出台了《关于非法集资刑事案件性质认定问题的通知》(以下简称2011年《通知》)，对行政认定问题进行解释，即行政部门对于非法集资的性质认定，不是非法集资案件进入刑事程序的必经程序。行政部门未对非法集资作出性质认定的，不影响非法集资刑事案件的审判。显然，这一规定无异于架空了行政前置规范作为行政犯的前提条件，将刑事治理手段前置化，变相鼓励行政监管、行政处罚不作为。这样的刑事优先治理策略与刑法作为行政法最后保障手段的原理完全不符。

到了2014年3月25日，最高人民法院、最高人民检察院、公安部联合发布《关于办理非法集资刑事案件适用法律若干问题的意见》(以下简称2014年《意见》)，除重申前述2011年《通知》的内容之外，还重点对公开性和社会性进一步扩大解释，将公开性中的“向社会公开宣传”的形

〔1〕 参见刘为波：《〈关于审理非法集资刑事案件具体应用法律若干问题的解释〉的理解与适用》，载《人民司法》2011年第5期。

式扩大到包括以各种途径向社会公众传播吸收资金的信息，以及明知吸收资金的信息向社会公众扩散而予以放任等情形。引人关注的是将“明知吸收资金的信息向社会公众扩散而予以放任”也解释为公开宣传，其实就是将实践中“口口相传”“以人传人”解释为公开宣传。[1]将社会性扩展到“在向亲友或者单位内部人员吸收资金的过程中，明知亲友或者单位内部人员向不特定对象吸收资金而予以放任的”，以及“以吸收资金为目的，将社会人员吸收为单位内部人员，并向其吸收资金的”。这里将“公开宣传”的客观行为建立在“明知吸收资金的信息向社会公众扩散而予以放任”的间接故意心态上，值得商榷。2019 年 1 月 30 日，最高人民法院、最高人民检察院、公安部联合出台了《关于办理非法集资刑事案件若干问题的意见》，将 2010 年《解释》所规定的“违反国家金融管理法律法规”这一前置性条件进行了“类推”解释，即“对于国家金融管理法律法规仅作原则性规定的，可以根据法律规定的精神并参考中国人民银行、中国银行保险监督管理委员会、中国证券监督管理委员会等行政主管部门依照国家金融管理法律法规制定的部门规章或者国家有关金融管理的规定、办法、实施细则等规范性文件的规定予以认定”。这里的“原则性规定”“根据法律规定的解释”“参考”等表述都带有严重的类推色彩。

最后，非法集资罪在实践中沦为“口袋罪”的局面，也与司法人员的执法理念有密切的联系。对于一个罪名而言，其演变为“口袋罪”的缘由是多方面的。在司法层面，主要是源于司法人员在试图缓解法律稳定性与社会生活多变性之间的现实冲突时，通常会采用一些弥合法条与现实规范之外的手段，例如曲解刑法条文或者选择性执法。[2]特别是非法集资

〔1〕 参见韩耀元、吴峤滨：《〈关于办理非法集资刑事案件适用法律若干问题的意见〉的解读》，载《人民检察》2014 年第 9 期。

〔2〕 参见张训：《口袋罪视域下的寻衅滋事罪研究》，载《政治与法律》2013 年第 3 期。

具有典型的涉众性，会引发群体性事件以及维护社会稳定的压力，这表现为集资参与人在事前不审视投资风险，在案发后资金无法退赔时，动辄联合信访，以群体力量给司法机关制造压力，致使该罪沦为“维稳”、安抚出资人的工具。〔1〕为了最大限度地消除这种社会不稳定因素，刑事打击和严厉惩治就成为各地的首选方案。虽然这符合我国宽严相济刑事政策中“严”的要旨，但也应看到，从我国长期从重从快打击的司法实践来看，这容易潜移默化为一种司法惯性。从司法实践中通常的执法观念看，对于已经采取强制措施的非法集资案件，司法人员一般都认为，如果能够证明行为人具有非法占有的目的，则定性为集资诈骗罪；在难以证明该犯罪目的的时候，就以非法吸收公众存款罪作为兜底条款，以此作为案件处理的备选方案，由此导致非法集资罪的扩张适用。

同时，仅偏重于刑事打击的司法观念，容易致使刑法规制非法集资的重心向前移，直接导致刑法在介入融资监管中的过度和泛化。一方面，金融刑法难以进行遏制性的事前规制，结果导致整体结构陷入事后主义的泥潭；另一方面，在缺乏金融法事先调整的情况下，刑法对于一些造成严重后果的金融违法行为，轻率地介入调整，极易背离刑法的谦抑性原则。

对于民间金融而言，刑法不同于一般的社会治理法，不应动辄运用刑法来惩治行政失范行为。在规制违法行为意义上，其他部门法应当是第一道防线，应适时限缩刑法对民间融资的干预程度，促进刑法角色的复位。〔2〕概言之，刑法作为一种补充性的社会控制手段，在治理民间金融发展中存在的问题时，不应过分依赖。对此，穿透式监管所具备的功能，就

---

〔1〕 参见朱江洪：《非法吸收公众存款罪限缩路径探析》，载《四川警察学院学报》2020 年第 1 期。

〔2〕 参见魏东、田馨睿：《论非法吸收公众存款罪的保守解释——侧重以〈网络借贷信息中介机构业务活动管理暂行办法〉为参照》，载《河南财经政法大学学报》2017 年第 3 期。

是在其监管的过程中及时发现问题，若在穿透式监管下，民间金融可能涉及的刑事问题能得到早发现早制止，那么其所存在的意义不仅是监管金融资源，也是对公民合法权益的保护，更是对社会资源、司法资源的节约。

三、典型案例中的乱象——以垫富宝、名股实债为例

近年来大量出现的金融债权债务纠纷，由于缺乏相关的法律规范，加上目前也无统一的法律指导规范，导致实践中不同法官对此的认定意见不一，判决结果不尽相同。实践中法院的立案事由也存在区别，分别以民间借贷纠纷、借款合同纠纷、追偿权纠纷、财产损害赔偿纠纷等名称为案由。我国在2016~2018年出台了大量的指导金融案件审理的司法解释文件，但是无统一性规定，因此司法实践中，法院在审理案件时，适用法律依据不一，审判的裁判方法不同，判决的结果也不尽相同。

以垫富宝业务纠纷为例，据不完全统计，截至2021年11月27日，通过聚法案例网站以关键词“垫富宝”展开搜索，近五年内共有13，487篇民事判决书，其中河南省有1016篇，占比7.5%，其余省份依次为湖南省1521篇，云南省1411篇，河北省1358篇，广东省760篇，福建省663篇，案件数量整体上呈现逐年递增趋势，2021年开始出现拐点，案件数量有所减少。垫富宝系列案件分布区域也较为广泛，不同省份中的判决存在较为明显的地域差异。

在垫富宝案件系列判决书中，法官认定的法律事实大致相同，其交易流程一般是，当事人（以下简称乙方）与垫富宝公司签订《垫富宝（垫付卡）领用合约》，主要内容：（1）乙方自愿成为垫富宝公司指定网站的注册会员，乙方可自由在垫付宝网站进行操作，但是应当遵守本协议、网站的提示。（2）乙方签订协议后可以在垫富宝网站注册一个账户，成为该网站

的会员，该账户实行实名制，乙方可以通过该账户进行交易、消费、收款、付款。(3)乙方成为垫富宝公司的会员，垫富宝公司为乙方在垫富宝指定的商家消费付款，但垫富宝公司会对乙方进行信用额度的评估，乙方在该额度内消费并且在约定时间内应当及时归还垫富宝公司为其垫付的消费款以及其他权利义务等；还有授权书，若有担保人的情况下，还有保证合同，实践中有连带保证、最高额保证。垫富宝案件频发的主要原因在于，乙方用垫富宝账户进行消费后，未按照协议约定按期还款，垫富宝公司遂诉诸法院请求根据一系列协议内容要求乙方归还借款。司法实践中的主要争议点在以下几个方面：(1)双方当事人签订的合同性质如何，是否有效；由于从合同具有从属性，从合同的效力从属于主合同。对于合同效力的不同判定影响着担保合同的效力，担保人责任的承担以及承担范围等问题。(2)法院对涉案垫付款的本金、利息、占用金等支持程度。(3)实践中有的案件一审是按民间借贷法律关系，二审运用穿透式审判思维按无效处理，导致相同的案件却出现不一样的判决结果的现象。(4)同一时期不同地区法院判决标准尺度不同，法官承办的不同案件，判决结果却不相同等司法现状。

由于经济和金融市场的发展状况不同，因此不同地区对垫富宝案件的业务性质判定亦存在差异，垫富宝的案件数量和判决结果也呈现区域性特征。笔者就河南省焦作地区为重点分析对象，再择河南省郑州、洛阳、南阳等市，湖南省长沙市，河北省石家庄市，四川省等地的典型案例予以分析。

(一)垫富宝系列纠纷

以河南省焦作地区为例，笔者收集了焦作地区 2015~2021 年共 163 件垫富宝系列案件，有效案件共 104 件，其中 59 件中有撤诉、执行裁定以及当事人和解方式结案，笔者未予以纳入。通过梳理河南省焦作市的“垫富宝”系列民事案件，将该系列的案由和案件数进行整合，垫富宝系列案例从 2015 年开始至 2018 年一直在持续增长，在 2018 年案件纠纷最多，2018 年至 2019 年增长数量上虽有所下降，但是也在平稳增长，2020 年案件数量在逐渐减少。由于垫富宝公司的此类业务产生于 2014 年，在焦作地区涉及垫富宝业务的大量经济纠纷出现 2018 年，究其原因在于 2018 年是金融领域不平凡的一年——金融危机爆发。虽然 2018 年 P2P 网贷行业额爆发雷潮，但是资本市场对新金融态度大变，以蚂蚁金服为代表的互联网金融却迸发出旺盛的生命力。

焦作地区垫富宝系列案件中，法院对于合同的效力认定主要有两种，认定垫富宝系列案件合同有效的共有 65 份判决书，占比 62.5%，还有 39 份案件认定无效合同，占比 38.5%。在博爱县鹏程汽车运输有限公司、垫富宝投资有限公司民间借贷纠纷案［河南省博爱县人民法院（2018）豫 0822 民初 1645 号民事判决］中，一审法院认为本案中原告与王某强双方签订的垫付宝系列合约，双方当事人之间属于平等主体，意思表示真实，合意达成一致，该合约真实有效，不违反法律规定，法院予以确认。双方当事人之间的垫付宝系列合约不违反法律的规定，是合法有效的，因此当事人应当按照合约行使权利，履行义务，被告应当归还垫付款。原告诉求的违约金和利息，超出法律规定，应以不超过年息 24% 计算。当事人之间约定的违约金和其他费用超过年利率 24%，因此法院判定王某强归还原告的垫款，并按照年利率 24% 支付利息。本案中关于担保人博爱县鹏程汽车运输有限公司的担保责任，法官认为博爱县鹏程汽车运输有限公司存在违约行为，即擅自将涉案汽车过户给他人，且被担保人王某强未按约定如期还款，担保人也未提供证据证明其督促王某强还款，因此支持原告关于请求博爱县鹏程汽车运输有限公司承担连带清偿责任的主张。原告不服一审判决，遂提起上诉。上诉法院认为双方的争议焦点在于原告应否对被告承担保证责任。本案主合同即双方当事人签订的垫付宝系列合约的效力如何。法院依据《银行业监督管理法》第 19 条规定，[1]且通过查询原告公司的涉案情况发现，原告依托网络平台多次向不特定多数人借款，且数额巨大。该公司并未获得从事金融业务的批准，也未持有金融贷款业务营业牌照，却一直向不特定多数人发放贷款，该借贷行为属于金融活动。故根据《最高人民法院关于适用〈中华人民共和国合同法〉若干问题的解释（一）》第 10 条规定，认定合同无效。因垫富宝公司为王某强垫付款项必然导致资金占用期间的利息损失，因此在考虑双方过错程度后，二审法院判决王某强偿还垫富宝公司的垫付款，并以年利率 6% 计算资金占用期间的利息损失。至于担保责任如何承担，博爱县鹏程汽车运输有限公司作为担保人应当知晓垫富宝公司违反法律禁止性规定的开展金融业务，仍然为王某强后出具的《不可过户承诺书》，存在一定过错，因此应当承担相应的过错责任。据此，法院判定博爱县鹏程汽车运输有限公司承担被告不能清偿部分的 1/3 赔偿责任。2019 年，判决生效后垫富宝公司不服向河南省高级人民法院申请再审，垫富宝公司再审申请称：其与王某强签订的垫付消费款的行为实质上属于民间借贷行为，不属于从事金融活动的范畴。再审法院经审查维持二审判决，驳回原告的再审申请。

本案经过了一审、二审以及再审申请审查中省高级人民法院对二审判决的维持，可以看出不同法院对该类案件态度不同。一审认为合同有效，原告归还本金的诉讼请求予以支持，利息依据民间借贷司法解释的规定处理。二审法院和省高级人民法院运用穿透式审判思维认定涉案主合

〔1〕 未经国务院银行业监督管理机构批准，任何单位或者个人不得设立银行业金融机构或者从事银行业金融机构的业务活动。

同无效。一审确认当事人双方签订的垫付宝系列合约有效，作为具有从属性的担保合同亦有效，被告依约承担归还垫付消费款及其他款项，担保人依约承担担保责任。二审法院认定当事人签订的垫付宝系列合约确认为无效合约，即当事人之间的主合同无效，被告王某强承担偿还垫付款本金，由于合同无效，合同中关于违约金的约定因合同无效而无效，但由于原告垫付资金必然导致资金占用期间的利息损失，综合考虑双方过错程度，法院确定被告应赔偿原告自 2018 年 8 月 5 日即还款日的次日起算，以年利率 6%计算的利息损失。

通过梳理焦作地区的法律发现，同一法官在不同时期，承办的同一类案件却作出了前后截然相反的判决，如 2018~2019 年刘晓晓法官承办的垫富宝系列案件［包含（2018）豫 0822 民初 1685 号、（2018）豫 0822 民初 1690 号和以及（2019）豫 0822 民初 2674 号］。在垫富宝投资有限公司与唐某波民间借贷纠纷案中［（2018）豫 0822 民初 1685 号］，法官在审理了案件之后，认为原告垫富宝公司是非金融机构，因此直接认为当事人之间的垫付款约定为民间借贷协议，在民间借贷关系下审查垫付款系列合同，本着民法上意思自治原则，双方当事人均意思表示真实，且意思表示的内容即借贷内容符合法律规定，因此认定垫付宝系列协议是有效合同。在（2018）豫 0822 民初 1690 号案件中，也依循了同样的判决依据和判决结果。但是，在 2019 年的垫富宝投资有限公司与被告买某楠、博爱县鑫驰运输有限公司民间借贷纠纷案中［（2019）豫 0822 民初 2674 号］，法官运用了穿透式审判思维，首先对垫富宝公司涉诉案件进行了调查，发现其多次为不特定人垫付款项，并且金额较大；其次对该公司的机构性质和业务范围进行调查，发现其作为非国家批准的金融机构，却向不特定人发放贷款，违反了国家强制性规定，因此判定合同无效。这次法官没有直接将其认定为民间借贷合同，而是透过民间借贷的表面，抓住非金融机构从事国家禁止的金融贷款业务的核心事实，以此展开对案件的审理。究其原因，在 1991~2018 年，法律法规和最高人民法院的批复以及中国银保监会的通知均是围绕民间借贷行为，审理民间借贷案件的重点放在“套路贷”以及当事人吸收公众存款再向不特定人借款的行为等，由于垫富宝系列案例并不符合上述特点，因此在此期间，法官将该系列案件认定为民间借贷纠纷，并认定合同有效，也有据可循。从 2019 年之后，穿透式审判思维一度成为年度热点词语，在《九民纪要》中，要求法院要树立穿透式审判思维，即正确认定多层嵌套交易合同下的真实交易关系，打破刚性兑付。通过功能监管的方式，将表面上是合法金融行为的金融违法行为作进一步规制，刺透其违法行为的本质，探索当事人内心最真实的想法，抽出当事人之间最真实的法律关系，以真实的法律关系确定当事人之间的权利义务，以规避金融运行中的风险行为。因此在 2019 年之后，垫富宝系列案例中，法院经过穿透式审判思维，结合多种因素和法律规范认定领用合约无效，认为垫付合约无效的情形明显增加，这是同一法官在不同时期审理同一类案件结果大相径庭的原因所在。

（二）名股实债案例

近年来，“名股实债”因符合资本市场的需求而被广泛应用于投融资领域，该系列纠纷日益增多。根据数据显示，2016~2019 年，名股实债的纠纷增长率超 100%，笔者在威科先行数据库中以关键词“名股实债”进行检索，2016~2021 年（截止时间为 2021 年 11 月 26 日）该系列裁判文书共计 417 篇。究其原因在于“名股实债”属于无名合同，其具有债权和股权双重性质，体现为股权受让方作为债权关系的出借方，其将借款出借给出让方或目标公司，出让方以自己的股权为受让方提供让与担保，受让方并不参与公司经营，享有固定收益，债款归还完毕时出让方以零对价或极低的对价回购股权。实践中对“名股实债”的认定以及法律后果，如何区分“股权低价借款”和“股权转让”等焦点问题均未达到统一路径。

分析可见，我国司法实践中法院对以债权进行融资的案件以 2015 年为审判的分水岭，2015 年以前对该系列案件往往采取穿透式审判方式，案件的焦点通常是其签订的投资安排是否构成“名股实债”。在李某喜、刘某山民间借贷纠纷二审民事案［最高人民法院（2016）最高法民终 435 号］中，李某喜作为出让方将其在嘉元公司持有的 5% 股权转让给刘某山（受让方），李某喜以现金 2 亿元购买煤矿 5% 的股权。在此期间李某喜仍然行使股东权利承担股东义务，盈亏也是李某喜自负，双方还约定了以月息 2.1% 按季支付利息。通过此案可以看出，当事人之间订立“股权转让合同”的目的非系股权买卖。李某喜作为出让人，其签订合同的目的应是出让其股权以获得股权的对价。刘某山作为受让人，其签订合同的目的应是支付股权对价，以取得相应的股权，享有嘉元公司的收益、参与公司的经营决策和管理、享有选择权等股东权利。作为出借人刘某山，其订立合同的系为借款，在还款期限届满后取得本金和利息；作为借款人李某喜，其订立合同目的在于向刘某山借的本金，在借款期限届满后返还本金和利息。通过两种法律关系的嵌套结构，可以表明，本案不符合股权转让法律关系，更符合民间借贷法律关系的特征，因此应将民间借贷法律关系作为本案的审理基础法律关系。

自 2015 年之后，法院对于名股实债系列案例的态度开始转变，其更加注重合同自治和商事外观主义。如在 2015 年云创（天津）投资有限公司等股权转让纠纷再审案［（2015）民申字第 1198 号］中，最高人民法院裁定维持了当事人之间的股权投资关系，认定接受资金方和给付资金方不是一个主体，因此属于股权转让关系。从本案可以看出，最高人民法院更尊重当事人之间的意思自治，强调股权投资信托业务的自治性和商事外观主义，支持融资者与融资企业之间具有保底性质的股权投资契约安排。可以看出，该系列案例在 2015 年后，司法态度对此出现明显转折。在具有保底性质、固定收益的股权投资合同安排案件中，法官更倾向于尊重当事人的意思自治和商事外观主义进行判定涉案法律关系，可以看出在这段期间法院穿透式审判对民间金融融资法律关系的定性持谨慎态度。

由于民法典担保编解释并未对“名股实债”的认定和考量因素提供明确规定，笔者通过梳理案件发现法官在审理该系列案件时，主要考量因素包括投资回报是否固定、实际权利行使情况以及变更登记公示情况等三项。关于投资回报是否固定，若当事人约定有固定的投资回报，该收益不与经营风险和经营业绩挂钩，法院通常判定当事人之间属于债权债务关系，非股权转让关系。如宁波楷荣艺赋投资合伙企业与世沣养老产业管理有限公司、郑某等公司增资纠纷一审民事案［（2021）沪 0110 民初 121 号］，本案原告、被告以及案外人签订的《增资协议》和《协议书》表面上看起来是股权转让和回购关系，但是结合合同内容规定的履行情况，以及回购股权条件的约定不与目标公司估值挂钩、被投资等特点表明，当事人之间约定的投资收益与企业经营风险、经营业绩无关，投资者也不根据公司的投资收益和亏损状况行使权利和义务，而是到约定的期限享有固定的收益，并在满足合同约定的条件时，资金使用者回购投资者的股权。从以上特征可以看出，本案更符合债权债务关系，当事人之间的真实目的是借贷关系，具有“名股实债”的特点。在上海播润投资管理有限公司与邛崃乾柜纵横建设项目管理有限公司、北京乾柜投资有限公司等其他合同纠纷一审民事案［（2020）沪 0106 民初 1405 号］，法官也是根据这一因素采取穿透式审判，将涉案法律关系认定为债权债务关系，非股权转让关系。

投资者行使股东权利的实际情况也是司法实践中法官主要考察的因素，实践中法官一般以投资者是否委派董事参与公司经营或是否实际有权处分股权，是否承担公司亏损、享受公司分红等来判定合同的性质。如江西中科浩飞科技城开发运营有限公司、中国新城镇控股有限公司股东知情权纠纷二审民事案［（2021）赣民终 206 号］，本案中虽然新城镇公司与上海中科公司签订的《股权转让协议》中约定了上海中科公司向新城镇公司支付投资补贴以及股权回购的内容，但是新城镇公司委派了董事参与中科公司的经营管理，属于实际行使股东权利，因此法院据此认定新城镇公司与中科公司之间属于股权转让关系，而非债权债务关系。又如郑某芝、成长动力医药股份有限公司合同纠纷二审民事案［（2021）津 02 民终 235 号］，法院认定，郑某芝 2016 年与案外人签订股权转让协议，即意味着行使股东权利，且获得了相应的对价，说明本案属于股权转让关系而非借贷法律关系。

相较于前两种考量因素而言，关于股权变更登记的商事外观主义的考量比重相对较小。在实践中，法院关于股权变更登记的事项的变更登记的考量分为如下两种：

一是办理了股权变更登记，客观上虽符合商事外观主义要求，但是法院通过合同目的以及实际权力情况最终仍然认定为“名股实债”，穿透商事外观主义的面纱，将其认定为债权债务关系。如上海播润投资管理有限公司与邛崃乾柜纵横建设项目管理有限公司（以下简称邛崃乾柜）、北京乾柜投资有限公司等其他合同纠纷一审民事案［（2020）沪 0106 民初 1405 号］，本案中原告与被告邛崃乾柜系借贷法律关系，非股权转让关系。即使原告被登记为被告股东，但是根据当事人之间签订的《投协议》可以看出，原告按期收取固定的投资收益，被告的经营风险与实际收益与原告无关，且约定了回购的期限，结合合同目的，其更符合债权债务关系，而与股权转让关系不符。

二是虽未办理股权变更登记，但是法院也将其纳入“名股实债”的考量因素中。如彤悦网络技术顾问（上海）有限公司与姚某明股权转让纠纷二审民事案［（2021）沪74民终133号］，涉案中1.6万股的交易中，当事人虽表面上约定了按照“全国股转系统”的股票交易规则进行交割，表面上看是当事人之间属于股权转让法律关系，但实际上双方并未约定股权交割与变更登记的履行时间，而且在可以办理变更登记的前提下，双方仍然选择违规的股权代持方式，可以看出当事人并无股权转让的合意。在合同履行期间双方也未办理相应的股权变更，据此可以认定股权投资法律关系并非当事人真实意思表示，法官采取穿透式审判方式认定其为债权债务关系。

综上所述，虽然“名股实债”无统一的交易模式，实践中对于“股权关系”和“债权关系”的认定也有争议，但是在司法实践中俨然已经对该系列案件的认定形成了大致的路径，即将以上三种要素作为法官审判该系列案件时运用穿透式审判思维的主要考量标准。如投资人进行投资并非为了取得公司股权，且不参与公司的经营管理，不行使股东权利的，双方约定了固定的收益和回购股权的期限的，就很可能被认定为“名股实债”。

第二节 穿透式监管融入民间金融司法裁判的困难与障碍

一、立法层面

（一）立法缺陷无法准确评判金融创新

金融产品的创新时间周期短，且大部分金融产品的创新就是为了规避行政监管以及法律规定。2016 年至 2020 年，银保监会、公安机关、人民银行等相关部门为了规制金融借贷领域的违法金融行为，都单独或联合出台了一些部门规范性文件。最高人民法院和最高人民检察院作为司法机关也出台了一些关于审理金融案件的司法解释性文件，以期对金融审判案件提供法律参照。2019 年《九民纪要》的出台也是对司法实践中审理金融案件提供了指导，其中提及了穿透式审判思维，但是这些规范性文件并未上升为法律，且政出多门，效力位阶不一，司法实践中也无法直接引用，目前仍尚未有任何一部法律明确对穿透式审判进行规定。

正是由于立法上的缺失致使法院对该系列案件的判决态度不一，甚至导致了同案不同判的现象，法院对于支持的依据也各有不同。当外部社会条件发生改变时，法院不能主动地对现有规则进行修改，但是立法机关可以。目前《九民纪要》等文件并不能有效适用于穿透式金融审判案件中出现的问题，因此目前还没有统一的高位阶的法律进行规定。由于没有统一有效的法律，当事人进行维权时，也无相应的法律进行遵循，以至于当事人之间的维权较为艰难。现行穿透式审判制度运行的实际效果并不理想，抑制金融违法行为的力度不足。既然借助传统审判路径走不通，就需要在立法层面另寻出路。

2018 年，“穿透式审判”一度成为年度金融案件审判热词，“穿透”一词更是频繁地出现在银保监会的一些规范性文件中，穿透式监管更是扩展到了许多层面，尤其是互联网金融行业。现行金融行业随着数据经济的发展，其运行模式、运行产品不断进行创新，“以不变应万变”的监管模式已经无法做到针对性监管了，这一弊端在金融科技混业经营中尤为凸显。《九民纪要》要求法院应当有效处理穿透式审判与行政监管之间的关系，从穿透式监管的立法规范也可以窥见司法实践中穿透式审判依据的现状。中国银保监会联合下印发的《关于规范金融机构资产管理业务的指导意见》中明确将监管的对象定位为：资管产品的顶层投资者以及最底端的资产，即向上穿透到顶层设计，向下穿透至资金最终来源（公募证券投资基金除外）。但是对于监管的细节，该指导意见并未作具体细节性规定，对于把握顶层投资者和底端资产的范围，穿透时应当把握怎样的标准，穿透检查时应遵循怎样的规则，达到何种程度等，均无明确细化规定。目前立法规定过于抽象性和原则性，可操作性和针对性不强，导致司法实践中对金融产品无法进行有效审判，在没有统一规定的情况下极容易"误伤"一些没有必要或者根本不需要严厉监管的金融行业。

（二）立法滞后无法及时回应金融创新

一般情况下，金融产品的创新周期短，其内部交易模式复杂多变，法律追求的是稳定性，修订周期较长。在风险与创新并存的情况下，一旦发生金融风险问题，法律法规无法对此作出回应，当两者的时间间隔扩大至一定程度时，矛盾就会随之激化。具体而言，金融产品首次问世，经过一定程度的包装，符合市场上市的要求时，便开始推向市场。而金融监管机构接收到这一信息，首先将该金融产品纳入监管范围，无法通过现有立法对金融创新产品进行合法与否的评价。实际上，当交易成本很高，以至于社会不能通过契约将其成员行为的正、负外部结果予以内部化时，就需要设立一个将负外部性予以内部化的责任体系。违法行为的成本包括实施不法行为所需要的金钱和非金钱损失，以及侵权者实施的不正当竞争侵权行为应受到的法律否定评价。由于法律具有稳定性和滞后性，使得新的金融产品已经出现，并发展至一定规模时，相关法律还尚未建立，导致对相关金融服务产品的监管和规制有限，进而导致现实中出现大规模金融产品违法现象，扰乱市场经营秩序。仍以垫富宝系列案件为例，法院在2018年之前对该系列案件很少出现对涉案合同进行否定的判决，因为立法的滞后导致法院在审理该案件时无法可依，只能寻求类似法规即民间借贷合同进行处理，导致对该新型互联网消费金融服务的判断失误。在2019年之后，有关金融案件穿透式审判规范的不断出台，使得法院也渐渐意识到审理互联网金融案件需要赋予新的理解。由于我国目前金融领域产品交相复杂，混业经营性质和功能，并且金融产品一旦创新，则会遍布整个金融行业领域，使传统的金融领域的产品变得更为复杂，因而若原有的金融领域立法不能得到及时更新，就无法规避新的金融风险。

由于当前金融领域产品更新迭代周期较短，无论是穿透式审判还是穿透式监管都要求相关部门从横向和纵向上穿透相结合的立法监管体系。实践中由于各部门信息不对称，各监管部门之间信息沟通和交流机制不畅通，也会导致立法上出现滞后现象。立法上的滞后使错综复杂的金融领域无法获得有效监督和规制，新的金融产品一直流通于市场中，违法金融产品将持续带来系统性金融风险。从另一方面来看，当法官无法对金融产品的合法性与否作出判断时，其基于谨慎性考虑，就可能对金融创新产品采取“一刀切”的态度而一律判定为违法，如此一来又阻碍了金融创新。

二、司法层面

（一）司法审判固有的局限性

法官应当坚守“不诉不理”的原则，应当在当事人的诉辩主张及其事实陈述和证据范围内作出裁判，法官支持或驳回的每一项诉讼请求都应当有法律法规作为支撑依据，并且要进行充分的说理。这些既是司法审判的优点，也是缺陷；既是其中立性、超脱性的优势所在，同时也决定了在应对金融风险时固有的滞后性和被动性。在此前提下，法官能够做的其实非常有限。穿透式审判思维模式在诉讼请求中体现在诉讼请求的涵括性裁判规则上，对诉讼请求的穿透即从表面上看法院作出的实体判决结果不属于当事人诉讼请求的范围内，但实质上该裁判结果并未超越当事人的诉请范围。概括性诉讼请求具有三个特征：一是当事人本身的诉讼请求具有一定的概括性；二是法律事实的处理结果具有一定的相互关联性；三是案件本身诉讼程序的操作某种程度上的兼容性。

如股权转让纠纷的审理，原告请求依据股权转让协议，确认股东关系。但是“穿透式审判”模式要求打破传统的裁判规则，刺透表面法律关系，穿透原告的涵括性的诉讼请求，可能与原告的诉请表述不同，但是也在当事人诉请范围之内。在“名股实债”案例中，如新华信托诉叶某真、叶某嗣案［重庆市高级人民法院（2014）渝高法民初字第 00045 号］，由于叶某嗣未依照《信托融资合同》约定按期回购，支付合同约定的相关费用，因此诉请要求被告履行合同约定的义务。本案中的《信托融资合同》约定了借贷合同的内容，因此法院将其认定为借贷合同。又如在垫富宝系列案件中，法院认定涉案垫付宝协议无效后，依据不当得利的规定判决被告弥补原告的资金占用损失。虽然原告以请求被告履行合同义务的名义，向被告主张垫付款和相关费用，法院判令归还不当得利款应该说并未超出法院的诉讼请求。以上这些笼统涵括性诉讼请求，法院可以直接在该涵括性请求下作出与原告真实目的相一致判决，无须原告变更诉讼请求或提出新的诉讼请求，也无须驳回当事人的诉讼请求。

但是，如果原告提出的诉讼请求不具有涵括性，法院会认为当事人主张的法律关系以及涉案民事行为的效力与法院经过实体审理后不一致，因而法院无法针对当事人的诉讼请求直接作出实体判决。则法院会向当事人释明是否变更诉讼请求，或裁定驳回当事人的起诉，如果法官径行作出实体判决，将会被认定为超越了当事人的诉讼请求。实践中由于金融案件的错综复杂，当事人的诉讼请求大多都不是涵括性的诉讼请求，而是根据金融契约中的某一个条款诉请判决被告履行。对于这种过于具体的、特定化的诉讼请求，法官即使运用穿透式思维方式查明了案件事实本身的法律关系，也无法作出判决。所以，实践中的穿透式裁判仍面临诸多困难。

司法实践中“穿透式思维审判”的法律效果有以下三种：一是当事人之间真实法律意思下法律行为的认定。重新认定当事人之间的法律关系，特别是在金融科技行业，其内部交易结构纷繁复杂，多层嵌套的情况下会产生多方主体，多层法律关系，法官要对法律关系主体和性质以及书面合同作出与表面现象不相同的法律认定。例如，在名为保理合同，实为借款合同，且保证人系真正借款人的案例中，法官通过对当事人之间真实意思的探寻，依据《民法典》第 146 条规定的通谋虚伪和隐藏意思行为的效力规则，判定该案属于借款合同纠纷。二是认定违反法律法规强制性规定或社会公共利益的行为无效。如“违规放贷”“保底承诺刚性兑付”等。三是透过民商事案件，认定为经济犯罪案件。

穿透式审判要求穿透事实表面现象，探寻案件背后实质的法律关系，还需要时间作支撑，但实践中法官受到审限时间限制，往往无法真正做到穿透式审判。目前垫富宝案件适用简易程序审理的案件占多数，由于审理期限的原因，法官无法深入了解案件最真实的法律关系。当前我国民商事一审审判期限和二审审判期限应对简单的金融借贷案件尚可，但是一些金融创新案件往往错综复杂，需要一定时间梳理案件关系，不仅涉及对新型金融产品的合法性与否进行法律评判，还需要对涉案协议的效力、内容、法律依据进行剖析，还有涉及互联网金融领域的，如垫富宝系列案例就是新型互联网消费金融借贷服务产生的纠纷等需要给予法官时间进行评析。当前大多法院业务繁忙，案件积压，法官无法真正将穿透式审判思维运用到案件的每一个焦点上。由于审理期限的限制，法官彻查案件无法透过现象看本质、只能舍弃局部关注整体，就可能导致穿透式审判思维在案件中运用的不彻底，不能真正实现实质公平与形式公平相统一，有碍司法公正的实现。

（二）法官办案思维的机械性

2019年《九民纪要》要求法官对案件要有穿透式思维，查明当事人的真实意图，探寻涉案最真实的法律关系。穿透式审判要求法官具有窥一斑而见全豹的本领，如果法官片面注重形式正义而忽视实质正义、过于注重表象证据而拒绝逻辑推理，习惯就案办案忽视了法律效果和社会效果，就难以贯彻穿透式思维。在名股实债案件中，由于商事审判更加注重商事外观主义，即尊重当事人之间的合同安排和登记外观效力，实践中有的法官依据惯性思维直接依据表面现象判定案件事实。在曾某福、垫富宝投资有限公司民间借贷纠纷案［四川攀枝花中院（2017）川04民终881号］中，法院没有进行社会调研，未审查垫富宝公司以往的司法活动，其不是金融机构却经营着向不特定多数人借款的业务，这明显违背了其正常经营范围。若一般法人从事的一般业务超出经营范围则并不会当然导致无效，但是本案中垫富宝公司是金融借贷业务，对于非金融机构从事金融借贷业务，法律是有强制性规定的。但是法官在审理案件时并未适用该强制性规定，反而适用《关于审理民间借贷案件适用法律若干问题的规定》第1条规定来认定垫富宝公司行为的效力，忽视了案件的实质正义，缺乏对法律的整体性调动，机械裁判，未考虑到社会效果、法律效果与政治效果的统一。

（三）法官的专业素养问题

金融类案件在审理时实际上是十分复杂的，其不仅混杂着民商类法律，刑事案件也涉及其中。不仅需要法官有精湛的法律专业知识，具备民商综合知识、扎实的审判基本功，还要求法官要了解公司、经济、金融、保险等相关专业知识。金融、保险等作为一个广泛的专业领域，其中牵涉的东西众多，并且在现实金融市场，金融产品的经营模式仍在不断创新，依靠一知半解的金融知识是无法解决实践中的金融问题的。司法实践中，具有金融专业知识背景的法官很少，并且法官也没有系统学习的机会，又由于浅显的学习根本无法应对司法实践中遇到的金融案件，因此加大了法官审理案件的难度。随着的“互联网 +”计划的推动，电商平台（或是互联网平台）经济虽带来了诸多便利，传统的金融业务已经无法适应市场需求，随着科技的创新，市场主体对科技金融的要求也越来越高，但是多层嵌套交易合同下的真实交易关系，刚性兑付等行为也频繁发生。在这种情况下，法律规范针对的只是某一种金融产品或服务，这时大多数金融机构便借着金融创新的名义转换金融产品或服务，即转换行为标的，以此达到规避法律的目的。正是由于金融领域科技金融产品的创新和多层嵌套，这对法官更是提出了更高的要求。法官应当正确认定多层嵌套交易合同下的真实交易关系，打破刚性兑付。通过功能监管的方式，将表面上是合法金融行为的金融违法行为进行进一步规制，刺透其违法行为的本质，探索的当事人内心最真实的想法，抽出当事人之间最真实的法律关系，以真实的法律关系确定当事人之间的权利义务，以规避金融运行中的风险行为。

第四章

穿透式监管规则融入民间金融司法裁判的具体进路

第一节　民间金融合同效力认定的裁判进路

一、金融监管规则对合同效力认定的影响

按照《九民纪要》规定，人民法院在审理合同纠纷的案件过程中，首先要依职权审查合同是否存在无效的情形，其次要注意区分无效与可撤销、未生效、效力待定等合同效力形态，根据效力的不同情形，结合当事人的诉讼请求，确定相应的民事责任。民间金融合同效力纠纷的问题，来源于当事人为规避金融监管而选择以合法形式掩盖非法目的。因此对合同效力作穿透式审查时，援引行政监管政策会存在适用困境。《九民纪要》指出，一般情况下违反规章不会影响合同效力，只有在涉及金融安全、市场秩序、国家宏观政策等公序良俗时，合同才应当被认定为无效。在认定规章是否涉及公序良俗时，法院要以考察规范对象为基础，兼顾监管强度、交易安全保护以及社会影响等方面，并且要在裁判中针对上述各类要素进行充分说理。违反规章的行为，如果涉及危害国家经济、金融等公共秩序的内容，可以据此直接否定合同效力。

一般来说，违反管理性规章并不会影响合同的效力，我国《民法典》合同编主要条款是任意性行为规范，其目的之一是鼓励交易，《民法典》确认了对于合同行为实行自愿原则，尊重合同双方的意思自治。但是由于涉及交易安全，金融机构的商事行为的效力认定会具有政策导向作用。法律将行政权力授予银保监会、证监会，允许它们制定部门规章或者其他规范性文件对金融机构的商事行为予以规范。但无论是效力性规定还是管理性规定，均属于部门规章层面的金融监管规定，是职能部门通过行政

手段约束金融行为的表现。为了保持法律的稳定性和可预期性，除极少数情形外，法官不能轻易否认商事合同的效力，这也与法律规范鼓励交易的精神相契合。

《民法典》中关于民事法律行为无效的事由，除“强制性规定”外，还有“违反公序良俗”。公序良俗，从字面理解包括公共秩序和善良风俗，属于不确定的概念。民法学说一般采取类型化的研究方式，将裁判实务中的公序良俗典型案例，进行类型区分。一般而言，认为属于违反公序良俗的类型分为八类：第一类是关于国家政治、经济、财政、税收、金融、治安等秩序类型；第二类是危害家庭关系行为类型；第三类是违反性道德行为类型；第四类是违反人权和人格尊重行为类型；第五类是限制经济自由行为类型；第六类是违反公正竞争行为类型；第七类是违反消费者保护行为类型；第八类是违反劳动者保护行为类型。

将行政规章作为认定合同无效的依据，是基于我国目前存在监管机构多头管理抑或监管机构缺位的背景。实践中出现了结构复杂、信息不透明的金融产品和业务模式，主要是为了规避我国目前的监管规范。为了强调提高市场透明度，坚持实质重于形式的原则，运用穿透式监管理念，穿透金融产品和金融业务的表态，追溯到最终投资人和底层资产，发现金融业务和金融行为的本质，能够更好地监督金融活动的全过程及资产管理业务的多层嵌套行为。在商事案件审理中，若过度关注金融交易的“契约形式”而不根据其实质性质进行纠偏，很可能造成裁判对“经营行为”本身违法性及其侵犯法益层次的认识不足。以场外配资为例，实践中常存在各类以“借贷”“委托理财”“投资合作”等为名的具有非典型契约外观的合同形式，以掩饰其“场外配资”这一交易实质。对于这些交易活动，在司法实践中若完全遵循其外部表现形式而忽视内在风险审查，可能导致司法裁判沦为非法经营活动的救济手段或庇护场所。同时，若偏离了司法裁判的理念与金融监管的目标，将影响金融市场监管的整体效果，进而导致金融监管有效性的降低。我国的金融监管以私法自治与社会共治的路径为基础转型，将金融监管规章制度纳入司法中金融案件裁判体系，以穿透式监管导向穿透式审判，有助于解决金融监管“真空化”问题。

二、穿透式审判对于合同效力认定的影响

仍以垫富宝案件为例。垫富宝公司依托互联网建立自己的“垫付宝”平台，通过网络支付的方式为与其签订垫付卡合约的人垫付消费款，向消费者提供一定的信用额度，替用户向商户以划拨垫付宝额度方式垫付消费款。消费者应按照垫富宝网站上其垫富宝账户载明的账单日、还款日核算账单，在还款日前足额向垫富宝公司还款。消费者如果不能按时足额偿还垫付款项及其他款项的，将承担违约金、延迟履行违约金。案例中垫富宝公司开发的所谓金融“创新”产品，从合同条款表面看，双方权利义务对等，当事人在平等自愿的基础上签订合同。消费者消费后，垫富宝公司代为垫付款项，双方之间形成欠款关系，除需对约定过高的违约金、迟延履行违约金进行调整外，该合同符合平等主体的民事合同特征。但是从穿透式裁判思维来分析，垫富宝公司未经国家有关部门批准取得金融许可证，不具备从事金融信贷业务资质，其从事针对客户的信贷业务，违反国家禁止性规定。其未取得监管机构颁发的允许经营小额贷款业务的金融牌照，也未取得监管机构允许从事审批授信、交易授权、资金结算、欠款催收等信用卡业务的从业资格。其以金融“创新”作为“防护服”进入市场，其实潜藏了较大的金融风险。故应以金融监管规则作为合同效力评判的依据，认定垫富宝公司与消费者之间签订的《垫

付宝（垫某卡）领用合约》属于无效合同，其他与之相关的合同亦属无效合同，垫富宝公司主张的违约金、迟延履行违约金等，人民法院不予支持。

三、穿透式审判对于合同主体认定的影响

（一）关于借名借款问题

实践中常见借名贷款以实际用款人和名义借款人不符的情形，以两者是否存在合意为标准，存在两种可能，一种是实际用款人与名义借款人在借用名义上是双方达成一致认可的，双方的意思表示是同一的。另一种则不存在合意性，故不属于借名而是冒名。就借名贷款而言，如果产生违约，还款责任如何判定存在不同的审理思路。

第一种裁判观点是由名义借款人承担责任。浙江省高级人民法院在审理“再审申请人周某云与被申请人孙某娥、陈某宾等民间借贷纠纷申诉案”中认为：借款人与借款的实际使用人不一致的，应当按照“合同相对性”原则，以向出借人出具借条、借据的人为诉讼当事人，并由其承担还款义务。借款人与借款的实际使用人之间的关系可以另案处理。本案中，相关借款汇入了担保人陈某宾账户，一审法院结合庭审中陈某宾的陈述，已经指出了孙某娥与陈某宾之间关于款项的实际使用问题系该两人之间的纠纷，孙某娥就此可另行主张。

第二种裁判观点是由实际用款人承担责任。四川省成都市中级人民法院在审理“上诉人陈某敬、被上诉人四川双龙泰德投资管理有限公司民间借贷纠纷案”中认为，如果名义借款人向出借人披露了实际使用人，各方的真实意思表示仅为借名义借款人的名义，名义借款人并不实际参

与借款关系的履行活动，也不享受借款活动的利益的，应认定实际使用人为实际借款人，由实际使用人承担偿还责任。因此，陈某敬在借款时是否向双龙泰德投资公司披露过其名义借款人的地位是本案审理的焦点，该事实应当由陈某敬举证证明，但诉讼中，陈某敬未提交证据证明其向出借人双龙泰德投资公司披露过名义借款人的事实，自行承担举证不能的后果。

在前述两类裁判中，前者依据合同相对性原则，由名义借款人承担偿还责任；后者则侧重于名义借款人向出借人披露了实际使用人的情形，判定由实际使用人承担偿还责任。此种讨论结果实际上还是以合同领域意思自治为基础进行价值判断，当出借人是金融机构时，法院的裁判理念则更为保守，曾有实践观点认为涉及金融机构的借名借款，应当遵从商事裁判的标准，维护商事交易的稳定性，由名义借款人承担还款责任。其实，从穿透式裁判理念出发重新梳理借名贷款背后的法益与逻辑，就会发现：第一，借名贷款在合同表面上可以做到依法合规，不易被察觉，实际上却使符合信贷条件的资金进行外流，从而规避了授信集中度监管，而监管授信集中度监管是金融机构防范和化解潜在信贷风险的管理手段之一。第二，金融机构经营者在信贷中的识别风险、把控风险的能力不足或者存在疏忽，受人情、领导打招呼等影响，对信贷调查、审查的环节认知不够透彻或者故意松懈，不能严守信贷准入关口，致使信贷资金实际投放到非合同相对人名下，产生了贷款被借名。只从穿透式裁判的角度来看，金融机构放松风险把控，极易造成大面积的违约行为，酿成金融危机，将个体的商事风险推向社会。因此，尽管金融机构与贷款人之间的贷款行为属于平等主体之间的交易，但金融机构承担的社会责任远高于一般民事主体，借名贷款的出现与金融机构的放款审核不严直接相关，因此从穿透式的理念出发，应当由实际用款人承担还款责任。

(二)关于互联网平台中介借款问题

在全国互联网 P2P 平台治理的大背景下,已经有民间金融资本开始转换经营方式,出现了互联网中介借款现象,即互联网 App 平台本身不吸收存款,也不从事直接放款,而是与城市商业银行合作,借助其本身的数据平台优势,以居间中介的形式促成城市商业银行与贷款人之间的交易,而互联网运营公司则从中收取高额手续费,同时要求贷款人将每月贷款(利息远超法定标准)还至中间账户,再由互联网 App 平台向城市商业银行还款(金融机构贷款利率),从中赚取高额利差。但由于互联网 App 平台粗放式管理,当地方商业银行发现大量违约,向法院提起诉讼后,多数贷款人首先否认借贷关系存在,其次主张已经支付的高额利息和手续费应当抵扣贷款本息。

从穿透式裁判思维分析,2020 年 10 月 16 日,中国人民银行官网发布《商业银行法(修改建议稿)》,明确了商业银行的属地化经营原则。[1]区域性商业银行应当在住所地范围内依法开展经营活动,未经批准,不得跨区域展业。而此前银保监会发布的《商业银行互联网贷款管理暂行办法(征求意见稿)》也有类似的规定。[2]从金融监管角度来看,监管部门对于城市商业银行异地放款行为虽未正式明令禁止,但始终坚持审慎和限制态度。从具体案情看,虽然电子贷款合同写明的合同双方是商业银行与贷款人,但实际操作中互联网平台利用数据优势,将银行放款、贷款人还款与其网络平台深度绑定,给贷款人造成了认知混淆,误认为是向互联

---

〔1〕 该原则明确表示:商业银行应当根据本行类型、规模和业务实际,制定特色化、专业化的发展战略。

〔2〕 地方法人银行开展互联网贷款业务,应主要服务于当地客户,审慎开展跨注册地辖区业务,有效识别和监测跨注册地辖区业务开展情况。

网平台借款。金融机构利用监管政策短暂真空的时机，借助互联网平台异地放贷，无形中加大了监管难度、带来了金融风险，由此产生的违约风险，其应当承担相应的责任。借款人向互联网平台支付的手续费、归还的高额利息，应当从金融借款剩余本息中抵扣，产生的损失由城市商业银行与互联网平台另行解决。如此才更符合实质正义，体现了金融政策和金融监管理念的司法化。

（三）关于仲裁裁决执行及司法审查问题

国内民商事仲裁（劳动仲裁实行先裁后审制，本文不涉及）的司法监督主要表现为以下两个方面：一是仲裁庭首次开庭前对当事人就仲裁协议效力异议的裁定，简称为仲裁裁决前的监督。二是对仲裁裁决的司法审查，即仲裁裁决后的监督。其中司法审查既包括《仲裁法》第 58 条至第 61 条规定的撤销仲裁裁决制度，也包括《民事诉讼法》第 224 条规定的不予执行仲裁裁决制度。

金融创新下的网络借贷平台，意图规避司法裁判，通常会在借贷协议中约定仲裁条款，利用仲裁程序、裁决尺度宽松的现状，获得有利于网贷平台的仲裁裁决，然后以此为依据向人民法院申请执行，此时人民法院在明知仲裁裁决结果可能存在瑕疵的情况下，如何对仲裁裁决进行司法审查，存在不同做法。

第一种裁判观点是裁定不予执行。按照《民事诉讼法》第 244 条规定，对依法设立的仲裁机构的裁决，一方当事人不履行的，对方当事人可以向有管辖权的人民法院申请执行。被申请人提出证据证明仲裁裁决有下列情形之一的，经人民法院组成合议庭审查核实，裁定不予执行：（1）当事人在合同中没有订有仲裁条款或者事后没有达成书面仲裁协议的；（2）裁决的事项不属于仲裁协议的范围或者仲裁机构无权仲裁的；

（3）仲裁庭的组成或者仲裁的程序违反法定程序的；（4）裁决所根据的证据是伪造的；（5）对方当事人向仲裁机构隐瞒了足以影响公正裁决的证据的；（6）仲裁员在仲裁该案时有贪污受贿，徇私舞弊，枉法裁决行为的。人民法院认定执行该裁决违背社会公共利益的，裁定不予执行。裁定书应当送达双方当事人和仲裁机构。仲裁裁决被人民法院裁定不予执行的，当事人可以根据双方达成的书面仲裁协议重新申请仲裁，也可以向人民法院起诉。如果引用此条规定，则网络借贷仲裁裁决如果存在认定事实的主要证据不足、适用法律确有错误，或者违反社会公共利益，法院可以进行实体审查，裁定不予执行。

第二种裁判观点是裁定不予受理或驳回申请。河南省高级人民法院于 2019 年 12 月 13 日发布《关于规范网络借贷仲裁裁决执行及司法审查工作的通知》，该通知第 7 条规定："办理网络借贷仲裁裁决执行案件或司法审查案件，应当从申请人或出借人的资质、贷款的对象和目的、综合实际利率方面进行认真审查。未取得金融监管部门的批准，利用互联网信息技术，搭建融资业务平台，从事资金融通业务牟利的行为，系违反《商业银行法》《证券法》《银行业监督管理法》的行为，对申请人的执行申请，裁定不予受理；已经受理的，裁定驳回执行申请。"

应该说，上述裁定不予执行的实质是实体审查，而对仲裁裁决进行实质审查并不符合仲裁制度的基本要求，会导致"一裁终局"在实践中将无法实现，造成"一裁一审"的后果。而河南省高级人民法院的规定，体现了对网络借贷仲裁裁决规避司法审查意图的回应和规避，同时也是对裁定不予执行的仲裁裁决的实质性否定。裁定不予受理，已经受理的裁定驳回申请的做法，实际上是一种较为折中的办法。但是这种处理也有不足，即并未对不予受理之后的程序衔接问题作出规定，现有的法律规范也需验证以解决。由此可见，穿透式审判理念引入金融审判、执行工作后，其内涵和外延都需要进行充分的探索和论证，如此，将会引发法院金融审判、执行工作的全面变革。

第二节　民间金融夫妻共同债务问题的裁判进路

夫妻共同债务首先不是一个常规民法领域的问题，实质上是婚姻法领域内的专有问题。但是涉及本书讨论的民间金融借贷领域，夫妻共同债务主要是意定之债，这是因为最高人民法院的相关司法解释进行过修改，导致裁判规则发生了严重的两极分化，因而夫妻共同债务变成了实务裁判的难点问题。

一、夫妻共同债务的司法沿革

（一）《最高人民法院关于审理涉及夫妻债务纠纷案件适用法律有关问题的解释》颁布前的法律规定

在司法实务中，我国有关夫妻共同债务的认定规则共有以下几种：

一是“用途规则”。用于夫妻共同生活的借款才可归为夫妻共同债务，比如原《婚姻法》第 17 条、第 41 条规定，法官在审理所涉债务是否属于共同债务时，需要着重审查该笔债务的具体用途。如果该笔款项虽然由夫妻一方对外举借，但是借款是用于家庭共同生活如子女教育、家庭成员医疗、买房等开销时，即便没有形成共债共签，也可以推定该笔债务为夫妻共同债务。在婚姻关系存续期间所产生的债务以个人债务认定为一般原则，除非有证据证明用于共同生活，否则就应该认定为其中一方的个人债务。

二是“合意规则”。在审查借款是否属于共同债务时，仅以共同合意为判断标准。民事法律行为要遵循当事人意思自治的原则，要明确夫妻双方之间是否曾经就借款行为形成合意，只有形成合意并有明确的意思表示，才能认定为夫妻共同债务，不支持任何形式的推定。为了维护交易安全以及夫妻个人财产，夫妻二人可以进行婚前财产约定，明确婚前以及婚姻关系存续期间内产生的债务是否属于夫妻共同债务。

三是“家事代理规则”。婚姻法明确夫妻任何一方均有平等处理共同财产的权利，因此在夫妻日常共同生活中，基于共同生活的需要，配偶一方可以处置夫妻共同财产。如果非因共同生活目的，但需要处置共同财产时，夫妻双方应当平等协商，取得一致意见。以上规则均是对内约束，那么在发生借贷行为时，首先推定夫妻任意一方的行为，符合家事代理规则，善意第三人可以相信配偶一方的行为已经取得了代理权，以此降低善意第三人的交易成本，夫妻任何一方不得以其并不知情为由，对抗善意第三人。当然夫妻任何一方有证据证明第三人并非善意的除外。

四是“时间推定规则”。《最高人民法院关于适用〈中华人民共和国婚姻法〉若干问题的解释（二）》中引起了社会广泛关注的“第24条”，明确规定了时间推定规则，认为只要在婚姻关系存续期间，夫妻一方对外以个人名义的负债，推定为夫妻共同债务。除非夫妻曾经进行过财产AA制的约定，并且第三人知道该约定，否则皆以共同债务认定。尽管第24条规定了第三人恶意串通或者通谋虚伪的例外情形，也规定了赌博、吸毒等恶债不属于共同债务。但实践中第24条产生了深远的影响，只要夫妻处在婚姻关系存续期内，夫妻一方的对外举债绝大多数会被认定为共同债务，即便涉及恶债，由于配偶一方缺乏举证能力，实践中也多数被判决承担还款责任，这一规则引发了全社会对于夫妻共同债务问题的关注。

（二）《最高人民法院关于审理涉及夫妻债务纠纷案件适用法律有关问题的解释》颁布后的相关规定

由于此前提到的《最高人民法院关于适用〈中华人民共和国婚姻法〉若干问题的解释（二）》第24条引发了社会大范围的讨论，最高人民法院于2018年1月发布了新的《关于审理涉及夫妻债务纠纷案件适用法律有关问题的解释》，明确规定了能够被认定为夫妻共同债务的三种情况，分别是共同合意之债、共同生活用途之债以及债权人能够证明之债。新的规定彻底改变了夫妻共同债务的审理规则，全面否定了此前的时间推定规则，援引了合同法意思自治原则，以"共签共债"的共同意思表示为基础，以"家事代理、用于共同生活和共同生产经营"的广义用途规则作为兜底条款。同时，该规定改变了夫妻共同债务审理中的举证责任分配原则，明确将举证责任分配给债权人，认为债权人在出借债务时应当尽到必要的注意义务，提起诉讼时要举证证明债务成立以及借款用途，夫妻一方所举债务明显超出家庭日常生活需要的，债权人需要提交有关该款项用于夫妻共同生活、共同生产经营或者基于夫妻双方共同意思表示的证据材料。不仅如此，新规定还将"共同生活"的内涵进一步扩大，明确共同生活的法律含义包括"家庭日常生活需要、共同生活、共同生产经营"等多种情况。

二、《民法典》颁布后关于夫妻共同债务的讨论

（一）《民法典》框架下的夫妻共同债务形态

《民法典》婚姻家庭编以前文所提及的《关于审理涉及夫妻债务纠纷案件适用法律有关问题的解释》为基础，在第1064条规定了夫妻双方共同债务的问题。但是，司法实践中争议的复杂程度远超法律规定所预设

的情形。结合司法实践的情况，一方面，夫妻共同债务的认定具有复杂的现实形态，同时兼具长期性和历史性。社会经济环境不断变化，导致现行法律及司法解释可能随着时间的推移不再适应社会生活规则，从而逐渐引发其他的争论。另一方面，实践中各地法院的裁判理念不一，甚至有部分省高级人民法院出台的案件办理指引，引发了更大的争议，裁判不统一的现象存在且有加剧的趋势。

综合上述，《民法典》婚姻家庭编的制度框架下，一共存在以下三种不同形态的夫妻共同债务：

1. 家事代理之债

从外观上看，家事代理之债是夫妻一方的意思表示，并未形成夫妻合意。之所以认定为夫妻共同债务，是因为在家事环境中，夫妻一方对外构成家事代理，即行为人相信在一定范围内的民事行为，不需要夫妻双方同时到场，例如夫妻一方在商场为家庭购买空调，一方行为即可认定为已经获取了另一方的授权。根据民事行为标的的大小，家事代理之债可以分为日常家事代理之债和重大家事代理之债。我国《民法典》规定的家事代理之债，实际上包含了两种形态：一种如前文所述添置家具、购买日常用品等日常家事代理之债；另一种就是条文中明确的“用于夫妻共同生活、共同生产经营”的重大家事代理之债，对于重大的家事代理之债，《民法典》认为债权人应该尽到必要的注意义务，指出只有债权人证明该债务用于夫妻共同生活、共同生产经营或者基于夫妻双方共同意思表示，才能构成夫妻共同债务。

2. 夫妻合意之债

从外观上看，夫妻合意之债符合了意思表示真实的原则，夫妻在协商一致的情况下共同对外举债，这种协商一致，既可以是事前协商，也可以是事后追认，但无论如何，成立基础是指夫妻“基于双方共同意思表示”。

3. 债权人善意之债

从外观上看，债权人善意之债中，夫妻是否存在真实合意已经不重要，重要的是在合理必要的范围内，债权人主观上为善意，有夫妻一方借贷行为为家事代理或夫妻合意之债的意思表示。《民法典》中的债权人善意之债主要规定在下列条文中：(1)《民法典》第 1064 条的日常家事借贷。由于夫妻均有日常家事代理权，债权人无法辨别一方借贷属于滥用家事代理权，有理由相信属于家事借贷时，则构成债权人善意之债。(2)《民法典》第 1060 条第 1 款规定了夫妻之间均有日常家事代理权，第 2 款规定“夫妻之间对一方可以实施的民事法律行为范围的限制，不得对抗善意相对人”，显然包括债权人善意之债。(3)《民法典》第 1065 条的约定财产制中“相对人知道该约定的，以夫或者妻一方的个人财产清偿”。从另一方面讲，善意债权人如果不知道夫妻约定财产制的情况，应由夫妻共同财产清偿。(4)《民法典》中的夫妻合意之债也存在债权人善意之债。如第 1064 条第 2 款中的“基于夫妻双方共同意思表示”，应当包括债权人信赖基于夫妻双方共同意思表示的情形。

(二)通谋虚伪情形中夫妻人身财产关系的效力评价

如前所述，夫妻共同债务严格意义上属于《婚姻法》的对内调整范畴，只有夫妻婚姻关系真实存在，才具有讨论是否构成夫妻共同债务前提。前文述及“通谋虚伪”情形下的合同无效，但婚姻法律关系作为一种特殊的身份法律关系，具有独特的人身性因素，在适用人身关系的相关制度时，不能一概以通谋虚伪的无效法律行为而论，而是应当予以特殊对待。以实务中普遍存在的虚假婚姻为例，虚假婚姻在实践中通常有“假离婚”和“假结婚”两类，目的往往在于房产限购、避税，或者转移财产、躲避债务等，抛开身份关系，单纯从行为要件上看，此类行为表面上看完全符合通谋虚伪表示这一概念，也就是说，夫妻二人为了实现房屋限购、避税或者转移财产的目的，双方积极的共谋，做出虚假意思表示，以求表面行为发生法律效力。有观点认为，即便是在婚姻登记行为中，如果二人意思表示不真实，存在虚伪通谋行为，由于欠缺结婚或者离婚的真实意思表示，从意思自治原则出发，假结婚或者假离婚不应当发生法律效力。但也有学者认为，虽然虚假结婚或者离婚行为不具备真实意思表示，但由于该行为经过了婚姻登记机关的登记，对外产生了公示公信效力，加上具有极强的人身属性，因而取得了对世效力。虚假结婚或者离婚不仅是当事人双方之间的私事，其行为经过婚姻机关登记，已经涉及了社会公共利益。此时如果固守意思自治原则，过分强调行为人的自由意志，无疑会伤害公共利益，因此在涉及公共利益领域，通谋虚伪不应当适用在假结婚或者假离婚场景。

那么在夫妻虚假意思表示领域，如果为了躲避债务办理了虚假离婚登记，并在离婚协议中约定了财产处置情况，如前所述，意思表示为虚假的离婚行为具有法律效力，那么财产转移的行为也应当认定为有效，此时如果完全排除通谋虚伪表示的适用，则债权人的权益无从得到保护。为此，在虚假婚姻行为中，应当将人身关系行为和财产行为进行分离，在人身关系领域排除虚伪通谋的适用。但在财产行为中要依然适用通谋虚伪制度，也就是说，在肯定当事人离婚行为效力的前提下，否定夫妻双方为实现财产转移而进行的约定，才能实现对债权人权利的保护和维护社会公共利益的平衡。

三、穿透式裁判思维下夫妻共同债务的认定

在《民法典》婚姻家庭编所确立的三种夫妻债务中，夫妻合意之债争

议最小，因为在案件审理过程中，只要审查证据，确定是否有夫妻双方共同签字或者事后一方的追认即可。在实践中，如果借款合同中夫妻双方均到场签字，或者其中一方事后以口头或者书面形式进行过追认，就属于夫妻共同债务。审判中难度最大的，实际是家事代理之债和债权人善意之债。其中，债权人善意之债引发的实践争议最大，成为司法实践中的热点和难点。

对于夫妻共同债务的处理规则，我国的法律规定前后经历了从形式正义到实质正义的演进，这本身也是穿透式裁判从司法渗透，影响到立法领域的典型体现。《最高人民法院关于适用〈中华人民共和国婚姻法〉若干问题的解释（二）》第 24 条的出台，主要社会背景是当时夫妻办理假离婚恶意逃避债务的社会现象十分突出，当时司法解释出台后，很快遏制了这种逃避债务的风潮，但同时带来了其他方面的问题。原规定存在过于注重形式正义和外观正义的问题，假设夫妻其中一方当时并不了解债务的形成，也没有实际参与，那么由这一方来举证证明借款用途将十分困难，实践中大量的信访案件当事人，多数是妻子一方在对借款毫不知情的情况下被法院判决背负了巨额债务。该规则在适用过程中，导致配偶一方承担了过重的举证责任，因举证责任分配不合理而承担了败诉的结果。对于实践中夫妻一方与外人恶意串通，虚构巨额债务，利用《最高人民法院关于适用〈中华人民共和国婚姻法〉若干问题的解释（二）》第 24 条的规则漏洞，严重损害配偶一方的合法权益。为此，大量的案件当事人、全国妇联、社会媒体纷纷介入，对该条文进行全面批判，学界对该条司法解释进行修改的呼声也日益高涨。

《最高人民法院关于审理涉及夫妻债务纠纷案件适用法律有关问题的解释》以及《民法典》，改变了第 24 条中形式正义的立法理念，重新从实质正义的角度明确了审理规则。在举证责任分配方面，秉持了实质正义的规则。因为从交易安全角度，出借人要从借款中收取利息，就应当负担一定的注意义务，因为保护本金安全、调查借款人还款能力、了解借款用途，实际是出借人应负的基本义务，那么在借款人获利的因素下，将举证责任分配给债权人，符合实质正义。

夫妻双方以共同名义借钱之时，双方都认可为共同债务的，债权人不需要进行举证，此种情形的裁判问题较为简单、明确。但是实践中往往存在各类复杂的情形，而且各类情形中所需要的举证责任由何者承担的问题，需要根据具体情形的不同分别对待：假设夫妻一方主张涉案债务是个人债务，就应当承担相应的举证责任；如果夫妻一方以个人名义借款，而债务人主张是共同债务的，如果符合家庭日常生活需要，则债权人不承担举证责任。换言之，在正常的市场交易中，民法典认为，债权人在出借款项时要尽到必要的审查义务。

另外，对于是否明显“超出家庭日常生活需要”，《民法典》仅模糊地提出了“家庭日常生活需要”的概念。实践中，民间借贷主要涉及借款本金和利息，那么到底多少金额的借款，符合“家庭日常生活需要”，这在不同省份存在不同的认定标准。例如，浙江省高级人民法院发布的《关于妥善审理涉夫妻债务纠纷案件的通知》，明确以 20 万元作为衡量标准，规定单笔举债或者对同一个债权人的举债金额在 20 万元（含本数）以下的可以认定为“为家庭日常生活需要所负债务”，也就是说，当单笔金额低于 20 万元的，法官可据此认为，出借人可以不用承担举证责任，只有超过 20 万元的借款，出借人才应当承担举证责任，证明该笔款项用于家庭共同生活或者共同经营。而在部分中西部省份，该金额则为 5 万元至 8 万元，认为超出该金额标准的，就属于已经超出了“家庭日常生活需要”。学界对此持反对意见，认为债权人善意之债，在金额论的规定下，已经偏离了立法本意，变成以金额大小来确定是否属于夫妻共同债务。

未来的司法实践中，需要审判人员结合自身的认识、当地经济水平、交易习惯、当事人经济能力等因素来具体判断，综合运用穿透式审判思维对债务性质作出准确判断。

第三节　民间金融“套路贷”案件的裁判进路

从刑法学角度来看，“套路贷”仅是民间金融活动中相关犯罪行为的概括性称谓，并非专有罪名，这导致民刑之间的界限不清，以至于一部分“套路贷”行为，既无法归于刑事，民事领域又缺乏系统明确的鉴别和处理标准，形成了民事案件中的“灰色地带”。关于“套路贷”的案件，主要在于事实认定困难，而非法律适用的问题。实践中多数法官认为，事实认定方面最大的难题是举证问题。因为当事人双方的举证能力往往是失衡的、应当适用的证明标准也尺度不一，所以以“套路贷”抗辩的一方胜诉率极低。

一、“套路贷”的界定及案件特点

“套路贷”及其次级衍生产品是合法民间借贷所延伸出来的司法问题。“套路贷”是以非法占有为目的，假借民间借贷之名，诱使或迫使被害人签订“借贷”或变相“借贷”“抵押”“担保”等相关协议，然后通过虚增借贷金额、恶意制造违约、肆意认定违约、毁匿还款证据等方式形成虚假债权债务，并借助诉讼、仲裁、公证或者采用暴力、威胁及其他手段，非法占有被害人财物的相关违法犯罪活动。“套路贷”实际上是多种罪名的集合，涉及诈骗罪、非法拘禁罪、敲诈勒索罪等。[1]日常生活所称的“民间借贷”一般是指合法的民间借贷行为，即平等主体之间基于共同意思表示而形成的民事借贷关系，民间借贷的出借人是为了到期按照协议约定的内容收回本金并获取利息，不具有非法占有他人财物的目的，也不会在签订、履行借贷协议过程中有虚增借贷金额、制造虚假给付痕迹、恶意制造违约、肆意认定违约、毁匿还款证据等行为。在司法实践中，除涉及一般的“套路贷”问题外，还存在所谓“套路贷”的次级衍生问题，即行为人在放贷过程中实施了虚增借款本金、混淆还款记录等行为，但其目的并非“非法占有”，而是单纯地为提高实际利率，扩大利润空间，这种行为违反了《民法典》中“禁止高利放贷”的规定，但由于种种原因尚不能认定其构成非法经营罪或其他犯罪。

无论是一般的“套路贷”还是合法的民间借贷，抑或“套路贷”的次级衍生，三者的核心均为“贷”，而任何经济行为都存在成本、收益和风险问题，三者的成本均为借款本金，但由于收益目标（利润率即利率）的不同，导致了三类行为的不同性质。

首先，一般的民间借贷以获得合法的收入为目标。过去，合法利率的上限为年利率 24%，后经最高人民法院修正，目前的合法年利率上限为 LPR 的四倍。一般而言，如果出借人的实际利率确实符合法定标准，则诉讼的重心在于执行问题，案件事实几无异议。

其次，“套路贷”是以获取非法利润为目标。“套路贷”是假借民间借贷之名，通过变相的借贷、恶意制造违约，目的直指被害人的合法财产。从成本收益角度，没有明显界限，但根据实践经验，利润率至少在 100%

〔1〕 参见牛玲玲、丁鹏：《“套路贷”案件定罪困境与解决路径研究——以犯罪客体为方法论》，载《中国监狱学刊》2020 年第 4 期。

以上。需要说明的是,“套路贷”与非法放贷构成的“非法经营罪”仍有区别,前者目标不在经营而在于非法占有他人财产,而后者目标在于经营获利。

最后,“套路贷”次级衍生以超额利润为目标。套路贷的次级衍生行为的核心驱动力在于追求超额利润,这是由民间金融资本的本质属性决定的。民间金融资本面临的蚀亏风险远高于正规金融机构,为追求本金安全,分散蚀亏风险,只能拉高平均市场利率,而当市场利率超过了小微企业的平均利润率时,又会增大违约风险,如此形成恶性循环。

“套路贷”案件与普通的民间借贷案件主要的不同之处在于证据方面:

第一,关于案件是否“涉刑”的证明标准。很多案件中的借款人会抗辩称案件涉及“套路贷”以及虚假诉讼,要求法院将案件移送公安部门,法院在判决时多数以“未提交证据证明本案涉及刑事案件,故以民事案件处理为先”为由否定了借款人的主张。那么,案件是否涉及刑事案件的证明标准究竟是什么,是采取“高度盖然性”标准,还是“排除合理怀疑”标准,目前尚未见于明文规定。实务中此类纠纷多数是通过公安机关处理无果,才会起诉至法院,但是许多人仍然坚持“违法一元论”观点即“民事合法行为不能被认定为犯罪行为”,从而使得出借人可以不断通过申请民事再审或者信访等行为作为脱罪手段。[1]这导致公安机关在案件结果未明确之前,也无法仅依据民事判决书就认定出借人涉嫌刑事犯罪。此外,将职业放贷人、高利借贷、“砍头息”以及其他正常合法的民间借贷行为纳入“套路贷”刑事规制范围,表面上可以更好地维护社会合法的交易秩序以及解决市场金融交易安全问题,但若是债务人动辄以债权

〔1〕 参见吴加明:《违法相对论下刑民实体冲突及其调适》,载《政治与法律》2017年第12期。

人从事“套路贷”为由拒绝履行合法的债务，无疑会在全社会酝酿严重的借贷信任危机，侵蚀市场经济的道德根基。[1]

第二，关于“实际交付”的举证责任分配。举证责任的分配，在真伪难辨的案件中，几乎直接决定了案件能否胜诉，但是法官们对于涉“套路贷”案件举证责任的分配仍然存在不同做法。以借款未实际交付的抗辩为例，多数出借人会辩称金额比较小（多为10万元以下）所以用现金交付，除借条外没有转账凭证。在这种情况下，很多法官就会将款项未实际交付的证明责任分配给被告，却忽略了“未交付”属于消极事实，被告通常难以证明，该证明责任分配显属不公。

二、“套路贷”案件的审理难点

由于“套路贷”及其次级衍生行为的本质是经济活动，而其性质介于犯罪与合法之间，带有灰色属性，因此针对此类案件的审理，也需要运用穿透式裁判思维，从经济、金融多学科的角度分析问题。

（一）刑事领域的审理难点

在处理“套路贷”次级衍生案件中，民事法官普遍认为应当秉承“先刑后民”的原则，对于是否涉及刑事犯罪的判断应当从宽而非从严，先裁定驳回起诉，待移送公安部门后审查确定未达到立案标准的，再继续按照民事案件来审理。这种审理思维有利于从程序上将“套路贷”次级衍生案件中的涉刑案件甄别出来，但仍然无法解决真正的“套路贷”次级衍生问题。原因：第一，高利贷行为并未列入刑法的规制范畴。审判实践中，

〔1〕 参见李有星、潘政：《“套路贷”相关司法问题与对策研究》，载《法律适用》2019年第21期。

"套路贷"次级衍生案件的出借人多以"生意人"自居，认可职业放贷的事实，但并不认为构成犯罪。因为我国刑法体系中，"高利贷"本身并不是单独的罪名，"套路贷"最终的定罪往往与诈骗罪、敲诈勒索罪、非法拘禁罪、虚假诉讼罪紧密相关，而这些罪名才是一些人谨守的行为红线。第二，非法经营罪的定罪标准偏高。《关于办理非法放贷刑事案件若干问题的意见》中，非法放贷行为首次被纳入非法经营罪的罪名之下，并对非法放贷的犯罪构成作了详细规定。但在裁判文书网中以"刑事案件""非法放贷""非法经营罪"关键词检索，全国范围内仅检索到35起案件，这与大量民间借贷案中当事人的举报行为形成了鲜明对比。

上述两个因素，共同导致了"套路贷"的次级衍生行为尚无法被纳入刑事规制范畴，在现有的法律框架下，大量案件即便存在民刑交叉嫌疑，也往往因为无法适用相关的刑法条文，而只能按照民事案件进行处理。

（二）民事领域的实体问题之穿透

金融活动关系国家经济命脉，金融领域大规模的违约行为会导致金融危机，故而我国金融监管政策核心在于控制系统性风险。然而近几年的民间金融活动，尤其是其中夹杂的所谓"金融创新"活动，仍缺乏有效的行业监管，一些行业乱象暴露出来以后更多的是依靠司法力量来解决，如限定利率、治理职业放贷人、打击违法放贷等。然而，对于民事审判部门的法官而言，并不能完全习惯于用穿透式思维审视民间金融行为，尚不能完全适应和满足防范金融系统性风险的需要。第一，目前民间金融风险有不断叠加的倾向。以实践中围绕汽车销售公司的金融纠纷为例，名为买卖实为借贷、借用客户信息套取银行贷款等案件不在少数。法官在审理这些案件时，初级标准是就案审案，保证个案公平，而高级标准则需要意识到风险的叠加性，对影响区域金融稳定和经济安全的案件要提前预警。就河南省审理涉及慕华汽车公司系列追偿纠纷案件的审理情况来看，法院作为重要的民间金融的实际监管主体，并未完全起到风险警示的作用，即便有足够的风险意识，却没有足够明确的职能部门可以与之无缝对接进行协同治理。第二，民间金融行为会产生“量变到质变”的效果。民间金融行为暂时游离于行政监管之外，主要原因是目前的金融监管仍是依据金融领域的经营范围进行设定，如吸收存款、保险、证券、消费信贷等。只有经营范围进入了监管范围内，才会被纳入监管对象体系。随着职业放贷人、非法放贷治理活动的开展，大量游离于监管之外的民间金融资本开始谋求新的业务发展范围。

因为民间金融活动具有上述特性，所以民事法官必须具备专业的金融监管业务知识。如果仅凭民事法官的常规民事案件的思维加上道德意识来决定案件的最终结果，极易造成“同案不同判”的问题，背离了法律规范的引导性作用，无法为同类型的其他案件提供一个可期待的救济途径和结果。[1]所以，法官应当具有系统思维和穿透思维，打破合同之间的畛域，从不同合同的内容上发现其关联，梳理资金的流向，甄别其风险点，识别其中的金融风险，并从金融监管政策中援引行政规范来指导个案的审理，确保民间金融运行符合社会公共利益。

（三）民事领域的举证责任问题

正常的民间借贷行为中，当事人系平等地位的民事主体，据此设定的“谁主张，谁举证”的原则也符合民事案件居中裁判的特性。但在“套路贷”次级衍生行为中，重点在“套路”。在借贷行为开始之初，出借人因系职业性、经营性放贷，已占据了合同签订、履约方式等方面的优势地

〔1〕 参见陈笑羽：《民刑交叉视角下的“套路贷”疑难问题探究》，载《西部学刊》2020 年第 11 期。

位，借款人除同意外别无他法。由于在缔约之初双方就不属于平等地位，则此种不平等会延续到随后的举证能力、诉讼能力上。如果法官固守居中平衡的传统民事思维审理案件，只会加重此种不平衡，导致裁判结果与实质正义不符。

以“套路贷”案件中最为常见的“借款本金与实际不符”为例，在谢某、相某与孙某的民间借贷纠纷一案中，借款人抗辩三笔借款 123.2 万元中有部分款项没有实际发生，缺乏转账记录，而出借人则辩解该部分系现金交付，并提交了签订合同时，现金交付的现场视频作为证据，法院最终采信了现场视频。抛开证据规则，单从自由心证角度出发，普通的民间借贷签约之初，大额现金交付预先准备拍摄现场视频，与当事人的履约能力、交易环境相结合，反而有“事出反常”的嫌疑。但是，在涉“套路贷”案件中，当事人双方基于信息不对称所产生的信赖成本问题，而采取预先录制视频的形式应对履约可能存在的不确定性，反而符合现实情理。因此，民事法官在处理“套路贷”次级衍生案件时，不能秉持传统的居中平衡审判理念，而应依循穿透式裁判思维，充分考量此类案件中当事人地位失衡问题，运用穿透式审判方式，加重出借人的证明义务，以此保证案件审判结果符合实质正义。

三、穿透式裁判思维指引下“套路贷”行为之综合治理

一般而言，出借人分为偶发放贷、职业性放贷（良性）、职业性放贷（恶性）三种情形，其中职业放贷的良性与恶性区分在于，行为人放贷的主观目的是否触及犯罪。借款人则分为履约能力好与履约能力差两大类，主要是根据其个人信用情况、资产状况和借贷目的。在穿透式裁判思维指引下，“套路贷”行为治理的终极目标在于，刑事的归刑事、行政的归行

政、市场的归市场，司法重新回归为民间金融良性运行的最后一道防线。

（一）行政监管：市场准入、民间金融征信体系构建

当出借人行为属于偶发性放贷时，无论借款人履约能力好坏，几乎不会产生“套路贷”现象，因偶发性放贷主体不以借贷为业，多属于民间经济主体的平等互助。只有出借人的行为满足职业性放贷的标准时，才会产生“套路贷”现象。从目前的司法审判实践来看，非法经营罪对于非法放贷行为的认定门槛较高，体现了刑法谦抑的特点，而对于职业放贷人的治理，则从民事裁判的角度大大压缩了职业放贷人的利润空间。但是职业放贷现象实质上随着民间借贷市场的发展而不断产生，职业放贷行为与民间借贷市场的发展存在千丝万缕的联系，不应简单否定。[1]实际上，职业放贷这一行为乃是基于特定的时代背景，其存在有一定的合理性。民间金融是正规金融的有益补充，只要小微企业、民事个体无法从正规金融机构获得资金，则民间金融市场就不可能消失。由于目前我国缺乏对职业放贷人的法律规制，导致放贷乱象问题未能得到有效解决，所以问题解决的关键在于我国相关的法律规范应当尽快出台，明确国家的治理重点在于引导，使职业放贷行为趋于规范化。将职业放贷纳入金融监管体系，通过颁发贷款业务牌照的方式，建立民间金融市场的准入机制，使原本处在灰色地带发展的民间金融产业彻底转变为阳光产业。然后通过规范化指导，建立民间金融的资本审查、合同备案、放款监管、市场利率披露、巡查监督等制度，以通报、罚款、取缔从业资格等监管手段实现行业良性发展。否则，针对放贷行为一贯的制约，反而会使更多民间借贷行为

〔1〕 参见林雅芳：《职业放贷人的法律探析》，载《上海金融》2019 年第 2 期。

隐没于阴影之中，进而产生更多更严重的后果。[1]

在有法可依的前提下，要着力构建合理的、有效的民间金融征信体系，这同样是一项基础性工作。如前所述，金融领域的风险因素是大规模的违约行为，由于行政监管力量的缺失，缔约时出借人和借款人基本处于“双盲选”的状态，出借人的职业素养、借款人的履约能力，只能靠中介、口碑等作为信息来源，缔约信息缺乏公示公信效力。如果对出借人采取市场准入机制，职业放贷人资格审查和信息披露变得公开透明，与之相对应地，同时建立借款人的征信体系。由于目前我国已经拥有了公民个人征信体系，只要以此为基础进行信息整合，借款人的征信资质也应当对出借人披露。出借人可以建立风险评估的衡量体系，根据借款人的征信资质进行分类，并由此确定自身可能会承担的对方违约风险有多高。违约风险过高，出借人可以选择不提供借款，违约风险较高甚至是一般的，出借人可以酌情通过提高借款利率来对冲违约风险。同理，征信资质良好的借款人，也可以自身的良好信誉和资质作为与出借人进行议价的基础，适当降低借款的利率。上述形成的信息互通机制，能够逐渐推动建立适当、有序的市场调节机制，既适应了借贷市场自身的发展，又可打破由司法机关控制利率上限的僵化模式。

（二）司法应对：刑事与民事的综合手段

如前所述，“套路贷”与“套路贷”次级衍生的行为存在界限，前者是追求非法利润，后者是追求超额利润。非法与超额之间是否具有明显界限，对于“套路贷”的法律规制尤为重要。

从刑事司法角度，需要进一步明晰“套路贷”入刑的边界。在现行法

〔1〕 参见北京市房山区人民法院、北京市第一中级人民法院联合课题组：《借贷行为法律治理的二元化区分》，载《法律适用》2019 年第 9 期。

律框架下，只有符合相应的犯罪要件，高利贷行为才构成犯罪。[1]从“套路贷”次级衍生行为的经济分析来看，年利润的下限是 LPR 的四倍，上限则应当是刑事构罪的标准线。目前我国高利贷行为并没有直接入刑，仅 2019 年最高人民法院、最高人民检察院、公安部、司法部公布的《关于办理非法放贷刑事案件若干问题的意见》中，将非法放贷行为纳入非法经营罪罪名，并且对非法放贷的犯罪构成作了详细规定，大致将“年利率 36%+ 情节严重”作为构成犯罪的基本条件。截至 2021 年 5 月，全国范围内仅检索到 35 起刑事案件，定罪难度之大可见一斑。

之所以各界都把高利贷与“套路贷”归为一类，主要是因为二者在行为表现上具有相似性，比如都会涉及使用非法的催讨手段，存在不合理的借款利率，并对借款人形成严重的心理压迫使其陷入债务深渊等。有人提出，既然两者有一定的相似性，且高利贷行为更多为大家所熟识，从发展演变来看，“套路贷”可以被认定是高利贷行为演变出来的一种具体化的行为。[2]但是，即便“套路贷”与高利贷行为存在一定的相似性，两者仍然存在本质上的差异。[3]民间借贷的资本亏损风险较高，应当允许民间借贷的年利率高于正规金融机构，但如何制定一个合理的利率以满足借贷机构的正常经营，仍未有定论。从借款人一方来看，如果借款年利率远超于经营行业的平均盈利率，则资金链断裂几乎就是必然。出借人只能依靠黑恶势力才能保证本金安全，否则必然带来系统性金融风险。正是如此，许多国家和地区设定了高利贷入刑，例如美国佛罗里达州法律规定，

---

〔1〕 参见陈雨禾:《高利贷行为及其衍生异化犯罪的规制及治理——兼论高利贷与“套路贷”的异同》，载《辽宁警察学院学报》2020 年第 3 期。

〔2〕 参见陶建平:《高利贷行为刑事规制层次论析》，载《法学》2018 年第 5 期。

〔3〕 参见董邦俊、侯晓翔:《“套路贷”的刑事规制及其防控研究》，载《湖北社会科学》2018 年第 10 期。

贷款年利率超过 25% 但不超过 45% 构成二级轻罪，超过 45% 则构成三级重罪。而我国香港地区，规定“任何人（不论是否放债人）以超过年息 60% 的实际利率贷出款项或要约贷出款项，即属犯罪”。据此，建议结合我国实际，在制定民间金融市场准入制度的同时，结合市场利率的实际情况，明确规定高利贷入刑的具体数额标准，以彻底改变目前职业放贷与高利贷之间界限模糊的现状。

另外，在“套路贷”的民事诉讼领域，则应当审慎、精准地适用穿透式裁判的进路。“套路贷”产生的根源在于刑事和行政手段的监管失控，大量案件涌入民事审判领域。如前所述，即使建立了放贷行业市场准入和借贷主体的征信体系，明确刑法方面的高利贷入刑标准，也不能完全杜绝某些案件以更加隐蔽的形式出现，所以，仍然需要运用穿透式思维来裁判案件。一是通过援引行政规章和社会公共利益条款来评价合同效力；二是结合当事人举证能力合理分配证明责任，但对于明显有违常理的现象则加重出借人的证明责任；三是注意防范虚假诉讼等行为；四是与相关监管部门保持互动，实现协同治理。最终通过全面贯彻“穿透式”裁判，实现实质大于形式的民间金融监管效果。

第四节　民间金融纠纷中民刑交叉问题的裁判进路

民间金融活动领域一定程度上的监管真空，为某些刑事犯罪的滋生提供了温床，如非法吸收公众存款罪、集资诈骗罪、高利转贷罪、违法发放贷款罪、虚假诉讼罪等。近年来，无论是经济较为发达地区还是欠发达地区，涉及民间借贷的金融案件数量都呈现井喷式增长，所反映出的矛盾不仅是法律问题，更是社会问题。恰当处理此类案件，有助于发挥司法的导向作用，营造法治化营商环境，推动社会经济发展。

一、民间金融纠纷中民刑交叉问题概述

当前人民法院对于民刑交叉案件有三种处理方式：一是先刑后民；二是民刑并重；三是先民后刑。总体来说，三种方式各有侧重，三种方式的使用也各有利弊。

（一）先刑后民

“先刑后民”是指人民法院在审理民事案件时，发现当事人涉嫌刑事犯罪，则对该案终止审理，并移送侦查机关进行立案侦查，待刑事审判后再对民事部分进行审理。我国法律没有“先刑后民”的明确规定，所以这种处理方式并不是法定原则，而是司法实践中一个通常做法。“先刑后民”的处理方式有以下几个优点：第一，从刑法的价值考量，“先刑”的处理方式有利于打击违法犯罪和维护社会稳定；第二，刑事诉讼程序相比民事诉讼程序更加严格，能够更好地查清事实，提高诉讼的准确性和公正性；第三，将刑事诉讼结果作为民事诉讼审理的参考依据，一方面符合公平正义，可以平息社会舆论，另一方面也有助于提高司法诉讼效率。

但是，先刑后民的弊端也非常明显：一是刑事优先的原则注重公权的保护而忽略对私权的保护，当事人的程序选择权和处分权被忽视；二是当事人的民事救济权不能得到充分保障，根据现有法律规定，刑事附带民事诉讼中，权利人能够获得的民事救济低于单纯的民事诉讼，比如刑事附带民事诉讼中，权利人无法申请精神损害赔偿；三是实践中先刑后民的处理方式存在被恶意利用的风险，比如当事人为推卸民事责任，故意提出涉嫌刑事犯罪，以此来终止民事程序，拖延诉讼时间，严重扰

乱正常的司法秩序。

（二）民刑并重

采用“民刑并重”的方式，主要是指该案件同时涉及民事和刑事，刑事案件无法吸收民事案件，民事部分和刑事部分应当同时处理、互不干涉。根据《最高人民法院关于审理民间借贷案件适用法律若干问题的规定》第6条的规定，在人民法院立案后，当发现与民间借贷纠纷案件虽有关联但不是同一事实的涉嫌非法集资等犯罪的线索、材料的，人民法院应当继续审理民间借贷纠纷案件。英美法系国家在处理民刑交叉案件时，采取的是平行诉讼模式，刑事程序和民事程序是两个独立且互不干涉的领域，二者之间也不会出现相互交叉或者以某一方为审判依据的现象。这种模式能够较为果断地将民事诉讼与刑事诉讼并行处理，消除了“刑事附带民事”的前提和条件。

在部门法融合交叉的相关背景下，如何更好地处理民刑交叉案件争议较大。有不少研究司法的学者提出，将民事诉讼置于刑事诉讼之后，其实是对私权利的践踏。只有尊重民事规制和刑事规制各自独立的本质，才能更好地构建两者平等对话的基础和前提。因此有学者认为，民刑并重的处理方式具有法律的正当性，原因在于这种模式把社会利益和个人利益放在同等重要的位置，有利于保障民事诉讼的独立地位。但民刑并重的处理方式存在司法资源浪费的可能，会造成司法效率低下、法院审理混乱等不利后果。

（三）先民后刑

“先民后刑”是指人民法院在审理民事案件时，发现当事人还涉嫌刑事犯罪，民事部分不影响刑事部分审理或者刑事部分依赖民事部分查清的时候，先对民事部分进行审理。先民后刑的做法，目前尚未见于明文，但也已经在具体的案件当中得到体现。例如，在知识产权纠纷案件中，人民法院往往会先通过民事程序对案件中的法律事实和法律关系进行判断，在确立知识产权的权利归属之后，再通过刑事程序进行定罪量刑，这实际上证实了先民后刑处理方式的实践可行性。

虽然不同国家对于公权和私权保护的侧重有所不同，但是随着时代的推移，公民私权意识逐渐觉醒，个人权利本位观念不断加深，“先民后刑”的民刑交叉案件处理理念也会日益增强。司法必须加强对私有财产权的重视和保护，这也是遵循社会主义市场经济运作规律的表现。同时，为了维护法律权威，实现实体正义，采取将人权放在首位的先民后刑方式更为适当。但是，也存在反对的声音，比如就有学者认为先民后刑的处理方式存在弊病。在司法实践中，先民后刑这一种方式容易出现一种极端的后果，即通过民事赔偿代替或者折抵刑事惩罚来减轻相关当事人的刑事责任，实践中甚至会演变成“花钱买刑”的做法。如此一来，司法权力会有滋生腐败的风险，同时也会催生新的司法、执法不公现象。

二、民间金融纠纷涉民刑交叉案件审理难点

处理民间金融纠纷案件中的民刑交叉问题，主要难点在于：一方面是法院民事审判部门与公安刑事侦查部门之间关于纠纷所涉行为是否达到刑事立案标准的理解不一；另一方面是当事人的诉讼行为偏好为民刑交叉的处理制造了障碍。

（一）关于刑事立案标准问题

民刑交叉的核心在于刑事立案标准问题，只有达到刑事立案标准的，

才能讨论先民后刑或者先刑后民问题的空间，而法院民事审判业务部门与公安刑事侦查部门，对于行为是否达到刑事立案标准的理解是不一样的，由此在法院与公安部门之间产生推诿扯皮现象。

例如，刘某拥有 A 公司 100% 的股份，同时也是 A 公司的法定代表人，而张某则借用 A 公司的资质中标某工程。张某与 A 公司签订了合作协议，约定 A 公司垫付工程款，待工程完工后统一结算。为此，A 公司用中标合同作为担保，向某银行贷款 300 万元，刘某作为 A 公司实际控制人，将该笔款项从公司的贷款账户转入自己的私人账户，同时要求张某向其个人出具了 300 万元的借条，此后按照张某的指示开始向供货方结算款项，工程完工后。工程发包方将工程款结算给 A 公司账户，刘某将该款项取走后，将自己所持有的 A 公司 100% 股份、法定代表人职务同时转让给冯某（年近八旬，文盲，无任何履行能力）。此后，刘某持张某出具的 300 万元借条和在张某指示下的付款凭证，要求张某归还 300 万元借款，而张某辩解案件并非民间借贷，应该是建设工程转包合同，300 万元借款应当和工程款统一结算。

法院认为，刘某作为 A 公司法定代表人，滥用公司独立地位，个人账户与公司账户混淆，将建设工程转包合同，割裂为建设工程转包合同和民间借贷合同两个单独的法律关系，建设工程合同关系最终需要 A 公司付款，而张某即使胜诉，A 公司已无任何履行能力，刘某在其所欠工程款未结算的情况下转让公司股份，同时提起民间借贷诉讼，其行为涉嫌刑事犯罪，将案件线索移送公安部门。然而，公安部门认为，当事人之间是合同关系，张某与 A 公司之间是建设工程转包合同关系（该工程尚未结算），刘某与张某之间是民间借贷法律关系（有借条，也有付款凭证），两个合同关系均未经过法院民事案件审理确定，更未进入执行程序，无法认定刘某在其中有犯罪的故意。

可见，对同一案情，如果分别运用民事审判思维和刑事侦查思维，完全有可能得出两种截然不同的适用后果。案例中民事法官基于当事人的行为逻辑，预测到了刘某在后续的诉讼中，一方面逃避工程款的结算义务，另一方面制造民间借贷的虚假诉讼，给张某制造了明显的合同诈骗圈套，会导致张某遭受巨大的财产损失，因而认定该行为涉嫌犯罪。但刑事侦查人员则采取“疑罪从无”的思路，因为涉及工程转包的案件尚未进入民事诉讼，更未进入执行程序，假设工程转包案件进入执行程序，则刘某在转让公司股份时未进行清算，因此存在被追加被执行人的可能，如果刘某被追加为被执行人，则其拆分两个诉讼也存在一定合理性，因此不能绝对肯定刘某行为存在犯罪故意。

（二）当事人“舍刑就民”诉讼问题

立案标准存在偏差，可能是办案部门之间的逻辑或价值判断体系不兼容问题所致，而当事人在民刑交叉时出现的“舍刑就民”现象更加为民刑交叉问题的处理制造了障碍。

李某、张某、王某都是同一单位的同事。王某自称做生意，需要资金周转，愿意用年利率36%的标准向张某借款，张某随后在长达2年的时间内将自己以及亲朋好友的资金陆续借给王某（此间张某挣取利息差）。李某羡慕张某可以争取高额利息，故而找到张某，将自己的120万元转给张某，随后张某作为资金过桥方，经手李某、王某款项和利息（此间仍然存在利息差）。随后，王某因挥霍无度，无法支付利息，被公安部门以涉嫌诈骗立案侦查。此间关于李某出借款项的属性产生争议，李某以民间借贷为由，向法院提起诉讼，坚称其款项是出借给张某，张某在其间挣取利息差，故而张某应归还借款120万元。而张某辩称，双方均知道最终用款人是王某，自己只是中介方，但并未参与犯罪，所争取利息差可以返还给公安部门用以退赃，李某才是诈骗案的受害人，自己不应该归还借款。

公安部门的观点，李某120万元是通过张某转账支付给王某，王某称其只对张某结算利息，至于张某是否争取利差并不知情，同时王某称自己私自挥霍并未告知张某，张某并非自己的同案犯。而李某与王某之间没有直接资金往来，并非受害者，根据“疑罪从无”，不能认定所涉款项是王某的诈骗款。法院的观点是公安部门处理诈骗案件时，受害人此前所获得的所谓的“利息”都应该折抵本金，受害人实际损失金额应当以犯罪嫌疑人不能归还的本金数额为准。而李某割裂三方之间的资金来往关系，导致其一方面从王某处争取利息；另一方面又从张某处索要本金，其主张民间借贷不能成立，应当以涉嫌诈骗为由裁定移送公安部门。

近年来非法集资、诈骗等刑事案件频发，实践中当事人出于利益考量，“舍刑就民”的情况越来越多。多是因为参与刑事案件追赃可能无法填平其所有损失，而通过民事诉讼反而可能获得利益补足。在此问题上，法院民事审判往往无法左右刑事案件的侦查标准，刑事案件严格的定罪标准，使“疑罪从无”成为当事人追逐自身利益的突破口。

三、穿透式裁判思维指引下反思“先刑后民”

（一）当事人选择权的尊重与保障

无论是刑事诉讼中的被害人还是民事诉讼中的权利人，其财产权都应该得到充分的保障。为了市场经济的繁荣稳定，私权保护应当得到更多的重视。债务人的行为侵害了债权人的财产权，同时破坏了社会金融秩序的稳定，在当今的经济形势下，侵犯私权和破坏社会金融秩序的稳定完全可以视作不可分割的整体。私权不能被随意践踏，因为保护私权，是维护社会金融秩序稳定的基础，否则社会金融秩序的维护就沦为空话。尊重当事人的选择权，其正当性来自以下两点：第一，从法律功能的实现来看，当事人选择恰当的处理方式有利于纠纷的及时解决，能够提高诉讼效率，促进法律功能的实现；第二，从人本位的角度来看，让当事人自由选择处理方式，是对当事人诉讼权利的尊重，也有利于体现以人为本、良法善治的理念。

在大陆法系国家如法国，在处理民刑交叉案件时，尊重受害人的选择权，其提供给受害人两种诉讼方式，选择其一来满足自身意愿：一是刑事案件附带民事诉讼；二是单独提起民事诉讼，既可在刑事案件裁判结果尚未形成之前，也可在刑事案件裁判结果生效之后。虽然总体来看，民事诉讼还是处于“附带性”的地位，但是当事人民事权利的实现未受到阻碍，可以借鉴。

（二）刑法谦抑性的坚守与维持

民间借贷案件情况非常复杂，目前中小企业的发展举步维艰，一方面要时刻面临未知的商业风险；另一方面在市场经济交易过程中，中小企业常被大企业所挤压，生存和融资存在困难。商业银行等金融机构出于逐利和稳定考虑，会倾向选择有潜力、有实力的大型企业，而许多中小企业为了发展，不得不选择民间借贷的融资方式，至于后续资金链断裂、经营不善等情况，也可能在中小企业的预料之外。我国《刑法》规定了非法吸收公众存款罪，但该罪的定性无论在理论界还是实务界都存在较大争议，由于该罪的罪状较为简单，在司法实践中出现定罪处罚扩大化的倾向。笔者认为，我国金融机构提供的金融资源远无法满足社会资金流转、民间融资的需要，因此有必要拓宽企业发展的合法融资渠道，助推社会经济发展，不能简单地将某些边缘性事实认定为犯罪，这样处理不利于市场经济流通。实际上，具有部分清偿能力且借款时无非法占有目的的借款人，因为后续资金链断裂等原因无法清偿债务，对其进行刑法规制应该采取审慎的态度，甚至不作为犯罪处理，这是尊重刑法的谦抑性的应有之义。刑法作为一种救济手段，应当是兜底的。如果使用其他救济方式能够保障当事人的利益，则不必使用刑罚手段。一方面可以保障债权人的合法权益，另一方面也可避免债务人、担保人等利用刑法规则的漏洞或者其他手段来减轻或者免除自身的责任。当然也是维护社会秩序，降低社会动荡最有力的手段和途径。

（三）“民刑并重”原则的思维转变

这里的“民刑并重”原则，并非简单地割裂开民事诉讼和刑事诉讼的关系，也不是粗暴地把民事诉讼和刑事诉讼的审理时间先后作为两者地位的查验标准，而是从保障人权的角度出发，充分听取当事人诉求，维护当事人的民事诉讼权利和刑事诉讼权利。在实践中，应当坚持具体问题具体分析。刑事诉讼放在前位的情形是，民事判决需要依据刑事判决结果得出。民事诉讼放在前位的情形是，刑事审理需要以民事诉讼结果作为依据。还有一种情形是，民事诉讼和刑事诉讼同时审理：因为此举有利于案件事实的厘清时，与此同时可以节约司法资源。综合上述，无论何种情形，实践中要秉持的原则为当事人可以自由选择行使民事诉讼权利或刑事诉讼权利，而不应受到不合理的干扰和侵犯。

第五节　民间金融中让与担保问题的裁判进路

让与担保是民间金融借贷领域中一种常见的交易方式，出借人因担心本金安全，要求借款人提供房屋、土地、车辆、股权等财产作为担保，又因抵押或者质押的权利效力等级较低或者变现难度大，而直接以买卖合同的方式为民间借贷提供担保，形式上让与标的物的所有权，但实则为借贷本身提供担保。此时出借人形式上享受担保物的所有权，在权利外观上效力等级要高于抵押或者质押，优点在于债务无法清偿时可以更加便利地处置担保财产，此种交易方式即让与担保。2019 年 11 月 8 日最高人民法院《九民纪要》规定出台之前，我国立法以及司法上并未正式规定让与担保制度，仅做学理研究。但《九民纪要》出台之后，后续的《民法典》乃至《最高人民法院关于适用〈中华人民共和国民法典〉有关担保制度的解释》都陆续提及让与担保的相关规则，并且内容大致相同。自此让与担保在我国司法实践中有了基础的裁判标准，但是由于让与担保制度作为一种非典型担保，涉及权利属性、设定规则、实现方式等具体内容，而前述法律规定又不够详尽，因此导致司法实践中裁判尺度不一，权利主张存在很多现实困难。

一、让与担保与近似法律概念之辨析

在《九民纪要》出台之前，我国立法以及司法实践中，有几个概念与让与担保有着相似之处，甚至在让与担保出台后，司法实践中仍然存在让与担保与其他概念相混淆的情况，以下逐一进行分析。

（一）让与担保与其他典型担保

让与担保作为在实践中常见的交易形态，与《民法典》中的典型担保如抵押、质押、留置等，在法律地位上具有明显差异。典型担保在《民法典》之前由《担保法》《物权法》等进行规定，属于法定的物权种类，而让与担保只能归类于非典型担保，至今尚未明确是否具有法定物权地位。

1. 权利外观不同

典型担保作为法定的物权种类，抵押、质押、留置等多是将传统所有权项下的部分权能转移给权利人，以实现其担保的功能属性，但在权利外观上，至少标的物的所有权并未发生转移。而让与担保交易中最鲜明的外观特征是，标的物的所有权在形式上完成了转移，由权利人形式上成为标的物的所有权人。

2. 设立方式不同

在典型担保中，规定了不同的设立标准，比如抵押需要办理登记，而质押、留置需要交付，均需要将权利状态以外观方式进行公示，采取公示生效或者公示对抗的原则。但在让与担保中，权利外观是所有权的转移，但此种外观方式与真实状态是不一致的，即便外观方式可能以登记或者交付展现，但担保的真实意图无法对外公示，只存在于当事人之间的合意之中。

3. 实现方式不同

在典型担保中，要实现债权就需要对担保物以折价、变价等方式进行清算，而在让与担保中，存在流质型和清算型两种实现方式，尤其在现实交易中，流质型的让与担保最为常见，但在我国目前的《九民纪要》或者《民法典》担保制度解释中，对流质型让与担保均持否定态度。

（二）让与担保与代物清偿

代物清偿即民间金融借贷中常见的以物抵债，是指债务清偿期之时，双方达成一致意见，以他种履行替代原债务履行后，原债务视为履行完毕。

1. 发生时间不同

从法律概念即可直观的发现，让与担保行为发生在债务关系成立之初，而代物清偿行为发生在债务已届清偿期之时。在让与担保行为中，双方当事人是以标的物的价值作为债务的担保，在原债务不能履行时，才产生处分标的物的可能。而在代物清偿中，原债务不能履行的情境已经确定发生，在双方协商一致的情况下，原债务的替代履行方式转变为标的物的权利转移。

2. 法律性质不同

尽管目前让与担保在我国立法上尚未明确其属性，但在域外立法中，让与担保作为一种非典型担保，权利人就标的物在担保范围内享有优先受偿权，通常认为具有物权的权利属性。但代物清偿是双方对债务履行方式的变更，本质上仍然属于债权行为，只是在代物清偿合意达成之后，权利人随后产生了依据代物清偿协议取得标的物所有权的物权期待权。在司法实践中，也有观点认为以物抵债协议在尚未办理权属登记的情况下，仅为普通债权，不产生物权期待权，多见于案外人执行异议之诉案件中。

（三）让与担保与后让与担保

在民间金融借贷的交易过程中，还会出现一种交易形态，即让与担保合同发生在借贷合同之后，担保设立时间滞后于主债权，其余的约定皆与让与担保的规定相同，支持观点认为后让与担保有独立分类的价值，而否定观点则认为后让与担保在本质上仍然属于让与担保范畴，没有单独分类的价值。实际上，后让与担保单独分离，主要是为了与代物清偿进行界定，两者均有可能发生在债务已届清偿期之时，但后让与担保的根本目的仍然在于为原债务提供担保，仅在原债务无法履行时才产生流质或者清算的问题。但代物清偿则是原履行方式已经根本不能，以转让标的物权属的方式进行债务抵偿。

（四）让与担保与准让与担保

当前通行的观点将标的物财产权利的转移公示作为让与担保的重要特征进行定义，但是民间借贷司法解释中并未提及"财产权利的转移公示"这一要件，而同样赋予了权利人就标的物拍卖受偿的权利，尽管未明确优先等级，但也基本实现了担保的合同意图。因此，为了全面解析让与担保的实践运行情况，相较于通行的让与担保概念而言，这一种情形可以称谓"准让与担保"。

二、让与担保相关司法问题的梳理

如前所述，在《九民纪要》出台之前，我国司法实践对于让与担保效力持否定观点，对让与担保效力的讨论仅存在于学理研究之中。而《九民纪要》之后，法院系统的相关裁判判例中，围绕让与担保这一主线衍生出了很多裁判方式。

（一）让与担保之司法沿革

1.2015 年《最高人民法院关于审理民间借贷案件适用法律若干问题的规定》第 24 条

2015 年 8 月 6 日，最高人民法院发布《关于审理民间借贷案件适用法律若干问题的规定》，其中第 24 条规定："当事人以签订买卖合同作为民间借贷合同的担保，借款到期后借款人不能还款，出借人请求履行买卖合同的，人民法院应当按照民间借贷法律关系审理，并向当事人释明变更诉讼请求。当事人拒绝变更的，人民法院裁定驳回起诉。按照民间借贷法律关系审理作出的判决生效后，借款人不履行生效判决确定的金钱债务，出借人可以申请拍卖买卖合同标的物，以偿还债务。就拍卖所得的价款与应偿还借款本息之间的差额，借款人或者出借人有权主张返还或补偿。”由于民间借贷司法解释出台时间最早，可以视为让与担保制度的试水性裁判规则，因此出台之初，其规定的交易方式更类似于“准让与担保”。首先，担保行为不以权属转移为外观特征。“以签订买卖合同作为民间借贷合同的担保”，仅描述了名为买卖实为担保的本质，但并未以严格的让与担保概念去规范该种担保交易。让与担保的首要外观特征是标的物财产权利的形式转移，而实践中大量的担保交易却是仅有转移权利的意思表示，并未实际进行公示，故而该解释旨在规范的行为可以称为“准让与担保”。其次，担保效力未明确优先等级。按照上述司法解释的规定，实际上肯定了现实中以买卖合同作为民间借贷担保的行为，具有一定的担保效力，可以就标的物拍卖价款受偿。但是当与其他实体权利如抵押、质押、留置、物权期待权等发生冲突时的优先等级如何，此处似并未明确。

2.《九民纪要》第 71 条

2019 年 11 月 8 日，最高人民法院发布《九民纪要》，该纪要第 71 条载明，“债务人或者第三人与债权人订立合同，约定将财产形式上转让至债权人名下，债务人到期清偿债务，债权人将该财产返还给债务人或第三人，债务人到期没有清偿债务，债权人可以对财产拍卖、变卖、折价偿还债权的，人民法院应当认定合同有效。合同如果约定债务人到期没有清偿债务，财产归债权人所有的，人民法院应当认定该部分约定无效，但不影响合同其他部分的效力。当事人根据上述合同约定，已经完成财产权利变动的公示方式转让至债权人名下，债务人到期没有清偿债务，债权人请求确认财产归其所有的，人民法院不予支持，但债权人请求参照法律关于担保物权的规定对财产拍卖、变卖、折价优先偿还其债权的，人民法院依法予以支持。债务人因到期没有清偿债务，请求对该财产拍卖、变卖、折价偿还所欠债权人合同项下债务的，人民法院亦应依法予以支持”。以上内容明确了以下几点：

首先，担保行为要求完成权属的形式转移。《九民纪要》明确指出让与担保成立的条件之一是标的物“完成了财产权利变动的公示”。在《九民纪要》中，让与担保成立的条件之一是已经完成了权利变动的公示，而在民间金融借贷领域，能够完成形式层面权属转移的担保反而较为少见。概因我国《物权法》坚持严格的公示公信原则，一旦在交易过程中，出借款项之条件叠加了权利登记转移，借款人则承担了过重的交易风险，因而双方协商过程中更倾向采取“准让与担保”的交易方式。

其次，担保实现方式排除了流质条款。在域外立法中，让与担保的实现方式包括了流质型和清算型，前者直接以转移标的物的权属清偿债务，后者则需要通过拍卖、变卖、折价等方式清偿债务。由于我国《担保法》《物权法》等立法中的典型担保中都排除了流质条款，旨在保护债务人的弱势地位，防止显失公平。因此在让与担保的规定中，依然排除流质条款，强调债权人必须通过清算方式实现债权。

最后，担保效力等级明确为优先受偿。与2015年民间借贷司法解释第24条相比，让与担保除了明确外观条件外，另外就是明确了债权人享有的权利为“优先受偿权”，可以参照担保物权的规定对财产拍卖、变卖、折价后优先受偿。

3.2020年《最高人民法院关于审理民间借贷案件适用法律若干问题的规定》第24条

2020年8月19日，最高人民法院公布《关于审理民间借贷案件适用法律若干问题的规定》，其第 24 条规定："当事人以订立买卖合同作为民间借贷合同的担保，借款到期后借款人不能还款，出借人请求履行买卖合同的，人民法院应当按照民间借贷法律关系审理。当事人根据法庭审理情况变更诉讼请求的，人民法院应当准许。按照民间借贷法律关系审理作出的判决生效后，借款人不履行生效判决确定的金钱债务，出借人可以申请拍卖买卖合同标的物，以偿还债务。就拍卖所得的价款与应偿还借款本息之间的差额，借款人或者出借人有权主张返还或者补偿。"

与 2015 年民间借贷司法解释第 24 条规定相比，2020 年版第 24 条最鲜明特征是，法院不再主动释明。无论是"准让与担保"还是让与担保本身，无论是否完成了权利转移的外观公示，其都存在一个实质特征，即用买卖关系掩盖担保的本质，尤其是民间金融借贷领域中流质型的准让与担保占到了相当大比例，因此多数当事人起诉时，目的在于正式取得标的物所有权，或者依据所有权行使返还、交付等物上请求权。在 2015 年版民间借贷司法解释第 24 条中，明确当事人如果主张履行买卖合同的，法院应当"向当事人释明变更诉讼请求"，但在 2020 年版第 24 条中，将法院主动释明的内容去除。

4.《最高人民法院关于适用〈中华人民共和国民法典〉有关担保制度的解释》

2020 年 12 月 31 日，最高人民法院发布《关于适用〈中华人民共和国民法典〉有关担保制度的解释》，该解释第 68 条规定："债务人或者第三人与债权人约定将财产形式上转移至债权人名下，债务人不履行到期债务，债权人有权对财产折价或者以拍卖、变卖该财产所得价款偿还债务的，人民法院应当认定该约定有效。当事人已经完成财产权利变动的公示，债务人不履行到期债务，债权人请求参照民法典关于担保物权的有关规定就该财产优先受偿的，人民法院应予支持。债务人或者第三人与债权人约定将财产形式上转移至债权人名下，债务人不履行到期债务，财产归债权人所有的，人民法院应当认定该约定无效，但是不影响当事人有关提供担保的意思表示的效力。当事人已经完成财产权利变动的公示，债务人不履行到期债务，债权人请求对该财产享有所有权的，人民法院不予支持；债权人请求参照民法典关于担保物权的规定对财产折价或者以拍卖、变卖该财产所得的价款优先受偿的，人民法院应予支持；债务人履行债务后请求返还财产，或者请求对财产折价或者以拍卖、变卖所得的价款清偿债务的，人民法院应予支持。”这一规定有以下特点：

首先，《民法典》中未明确规定让与担保。《九民纪要》为让与担保这种交易形态打开了司法实践中的一扇门，但《民法典》在立法时则保持了相对审慎的态度，仅在第 388 条第 1 款规定了“担保合同包括抵押合同、质押合同和其他具有担保功能的合同”，这其中“其他担保功能的合同”的留白，学界认为是给让与担保合同效力的确立提供了《民法典》的法律依据。

其次，增加债务人赎回权。自《九民纪要》发布之后，让与担保成立的条件之一是完成权利外观的转移公示，借助物权公示的效力，可以确保债权人就财产优先受偿时免受阻碍。但此前的相关规定中，均未明确债务人履行债务后的赎回权，尽管在实践中赎回权应该包含在各方的合意之中，民法典担保制度司法解释关于赎回权的规定，奠定了该权利的法律基础低位。

（二）让与担保之司法现状

此前关于让与担保的实证研究中，很多学者是在裁判文书网或者其他案例数据库中，以“让与担保”为关键词进行检索。但从司法实践来看，民间金融交易过程中，“准让与担保”与“让与担保”都是非典型担保中的重要交易方式，甚至“准让与担保”占比更高。因而为了更好取证，笔者以“名为买卖实为担保”为关键词在中国裁判文书网进行检索，检索时间为2020年1月1日至今，以期更为全面地审视让与担保的实践运行状况。

1. 法律关系隐蔽性强，识别难度大

如前所述，在民间金融借贷领域，流质型的“准让与担保”最为常见，即双方签订买卖合同，以买卖合同的交易形式掩盖民间借贷的实质，出借款项以“买方支付价款”的方式出现，借款人依照口头合意按期支付利息，当借款到期债务无法履行时，债权人则依据双方签订的买卖合同起诉要求借款人履行过户、办证等义务。由于近年来宏观经济政策调整，这种交易方式在很多房地产开发项目中存在。

在裁判文书网检索的案例中，发现前述交易形式的本质是通谋虚伪，即双方均明知实际的法律关系为民间借贷，而虚伪意思表示出来的法律关系则为买卖合同，因此在案件审理中，存在如下特点：

第一，案由呈现多样化。根据裁判文书网的检索显示，在所有涉及让与担保或者准让与担保的案件中，物权纠纷20件，合同、无因管理、不当得利纠纷852件，与公司、证券、保险、票据等有关的民事纠纷17件，侵权责任纠纷4件。这其中在合同项下的852起案件中，排名最靠前的三类案由分别是房屋买卖合同纠纷345起，借款合同纠纷210起，确认合同效力纠纷170起；此外还有少量案由从高到低依此为债权人撤销权纠纷、买卖合同纠纷、保证合同纠纷、抵押合同纠纷、建设工程合同纠纷等。由此不难看出，现实中名为买卖实为担保的合同，由于虚伪意思表示不真实，致使双方合同权利义务关系复杂化，当事人混淆真实法律关系，给案件精准识别造成困难。

第二，让与担保识别度低，裁判认可度低。在过去的实证类研究文章中，多数学者是直接以“让与担保”为关键词进行检索，因而无论裁判尺度是否统一，至少法院审理过程中是以让与担保的法律关系为基础进行评价的。但让与担保此前是学理概念，并无立法渊源，2019 年《九民纪要》发布之后才有了基本的裁判规则，在检索出的裁判文书说理中，存在一部分并未精准识别的情况，仅以“名为买卖实为担保”的表层法律关系进行说理论证，导致裁判认可度低。在检索出的案件中，适用一审程序的 603 件，适用二审程序的 297 件，适用审判监督程序的 121 件，此类纠纷的上诉率高、再审申请率高是基本现状。

2. 交易方式复杂多样，事实认定难度大

民间金融活动日趋活跃的情况下，商业化、职业化的倾向日益显现，因此交易过程中，职业型的放贷人会用尽方法降低资金风险，所采用的交易方式尽量的繁复、周全，以求在确保资金安全的前提下获取最大利益。在让与担保领域，出借人之最优选项显然是流质型让与担保，但由于流质条款在我国《担保法》《物权法》乃至后来的《民法典》中均被明确禁止，故为了确保流质型让与担保能获得法律支持，出借人采取了更为隐蔽的交易方式，导致实际案件中的审理难度加大，甚至更多情况下是在事实认定方面存在困难。

☞ **案例：**在内蒙古自治区高级人民法院（2020）内民再 345 号王某与郭某宇买卖合同纠纷再审案中，原审认为当事人签订的《旧机动车双方交易协议》中，没有任何关于借贷的相关内容，当事人之间也没有证据证明借贷的金额、期限、利率等相关基本事实，故只能依据表层的买卖关系进行裁判。该案件进入再审后，再审合议庭依据当事人之间的陈述，全面审查出借人与实际借款人以及本案担保人之间的交易链条，从主借款合同、案涉买卖合同、公安机关询问笔录、前后牵连、纵横交易链，综合利用逻辑推理、交易惯例、常识常情等进行法律推演，最终得出的结论为“郭某宇与王某、张某存在借款关系，对比郭某宇向王某购买车辆和双方以签订车辆买卖合同为借款提供担保，后者更具有可能性。故本院确定双方签订车辆买卖合同并非真实的买卖关系，是为王某、张某的借款提供担保”。

前述案例是通过谨慎、严密的法律逻辑推演，合议庭大胆提出了高度盖然性的结论，而在多数案件中，更多的法官倾向于保守、中立的裁判思维，导致此类案件存在较大的审理难度。

3. 法律关系认定不同，对于是否应主动释明的理解不一

前文已经指出，流质型让与担保尽管无法得到法律的支持，却是实践中重要的交易形态，特别是在房屋等不动产价值飙升的时期，出借人首选的诉讼策略必然是确保所有权的实现，故实证中发现有一类纠纷形态是已经取得形式所有权的权利人主张物权保护如返还、交付等；另一类纠纷形态则是尚未取得形式所有权的权利人要求履行买卖合同或者协助办理过户等。基于出借人利益最大化的诉讼策略，无论是要行使物权还是继续履行买卖合同，逻辑前提是要肯定买卖合同之效力，因而必然存在当事人主张之法律关系与法院综合查明法律关系不一致之情形。此时，对于法官是否应当主动行使释明权的问题，存在理解不一的情况。

第一，法院应当主动释明。在 2015 年民间借贷司法解释第 24 条规定中，“出借人请求履行买卖合同的，人民法院应当按照民间借贷法律关系审理，并向当事人释明变更诉讼请求。当事人拒绝变更的，人民法院裁定驳回起诉”。该规定与 2002 年版民事诉讼证据的若干规定中第 35 条规定内在精神一致，根据旧版证据规定，当面临同类情况时，“人民法院应当告知当事人可以变更诉讼请求”。两个旧版司法解释中，法院释明应

当是主动且积极释明。

第二，法院不做主动释明。根据2019年新版民事诉讼证据的若干规定中第53条规定，当事人主张的法律关系性质或者民事行为效力与人民法院根据案件事实作出的认定不一致的，人民法院应当将法律关系性质或者民事行为效力作为焦点问题进行审理。此后在2020年民间借贷司法解释第24条以及后续的民法典担保制度解释中，对是否主动释明进行了模糊处理，未明确提及。例如，在2020琼民终516号民事案件中，上诉人认为一审未主动释明法律关系构成程序违法，二审法院则认为民间借贷司法解释修正后，法院没有主动释明的义务，因而不构成程序违法。

三、以穿透式思维审查认定让与担保效力问题

在涉及让与担保的审判案件中，存在很多裁判难点。例如，在设立标准上，何种形式可以认定“已经完成财产权利变动的公示”就存在不同见解。如涉及不动产的登记行为中，合同网签、合同备案、预告登记等是否产生公示效果，存在不同理解。又如在优先等级上，仅存在买卖合意未办理物权变动公示的，如果与抵押权等典型物权相重合，如何确定优先等级。此类裁判难点均值得深入探讨。但在此之前，首要解决的应当是让与担保的合同效力问题，以穿透式审查原则认定让与担保效力问题，可以解决实践中关于让与担保识别度低、定性不准的问题。

（一）让与担保效力穿透式审查之理论基础

1.让与担保与物权法定原则之冲突解释

让与担保按照当前的《民法典》及相应司法解释的体系，归属为“其他担保功能的合同”，此处被认为肯定了让与担保之合同效力。但由于

《民法典》物权编并未将其创设为新的物权种类，因此从物权法定的内在逻辑上，无法明确让与担保之担保效力究竟是源于合同效力还是物权效力。从目前民法典担保制度解释中可以看出，“担保效力参照民法典关于担保物权的规定”。让与担保之构成要件之一为“已经完成财产权利变动的公示”，此处之公示是物权权属的一种公示效果。但在实证判例中，围绕不动产让与担保纠纷，债权人要求行使返还原物、排除妨碍等物权请求权的，法院裁判未予支持；而围绕股权让与担保纠纷，债权人要求行使股东知情权、参与分红的，法院裁判同样未予支持。裁判观点认为，让与担保之外观权利上的所有权人，并非真正意义上的权利人，不应当基于所有权的外观特征享有实际权利。笔者认为此类裁判观点，实质上就是穿透式审查的核心价值于司法的运用。

2. 让与担保与虚伪通谋之解释基础

让与担保行为存在双重法律关系，即表层之买卖合同关系和底层之借款担保关系。对待双重法律关系有“分离论”和“综合论”两种观点，“分离论”认为，股权让与担保合同中转让股权与提供担保系两个相互独立的民事法律行为，需要分别给予评价。“在‘分离论’的立场下，法院认为让与担保中的转让虽然名为转让，实则是为借款提供担保。因此，当事方之间并不存在转让的真实意思，转让合同应属于民法中的通谋虚伪表示，应为无效。”[1]但“站在‘综合论’的立场，股权转让合同效力依存于借款合同的效力状态，二者同其命运，这意味着股权转让合同效力的判断，不仅需要考量股权转让合同自身的有效性，也需考察借款合同的效力状态进行综合判定”。[2]从目前民法典担保制度解释的规定看，最高人民法

〔1〕 最高人民法院民事审判第二庭编著：《〈全国法院民商事审判工作会议纪要〉理解与适用》，人民法院出版社 2019 年版，第 404 页。

〔2〕 蔡立东：《股权让与担保纠纷裁判逻辑的实证研究》，载《中国法学》2018 年第 6 期。

院采用的是“分离论”的立场。“从虚伪意思表示的角度看，确实可以将股权让与担保理解为名为股权转让实为让与担保。也就是说，股权转让是假，让与担保是真。虚假的意思表示即股权转让协议因其并非当事人真实的意思表示而无效。”〔1〕

（二）穿透式审查下让与担保相关裁判规则

1. 穿透式审查“流质型让与担保”之真实意图

由于让与担保存在表意不真实的情况，诉讼中的裁判难点在于如何运用穿透式审查的方法探求当事人的真实意思表示，在查清案件事实的基础上进行裁判。实践中常见的流质型让与担保案件中，多数存在买卖合同与借款合同两个书面合同，但担保之意思表示往往存在各方当事人的口头约定中。债务已届清偿期后，债权人主要诉求在于实际取得标的物之所有权，因而首选诉讼策略意图在于确权，在明知流质型让与担保条款无效的情况下，法院认定让与担保关系本身就存在困难，需要从当事人之间的行为中探求真实意图。

近年来，受社会经济调控政策的影响，流质型让与担保多发生在房地产融资领域。在裁判文书网公布的多起人数众多的关联案件中，借款人都为地方性房地产开发公司，由于出借人人数众多，故而交易链条较为明显。有的开发企业不签订借款合同仅签订认购合同，出借人的借款款项表现为“购房款”，并且涉及房地产开发企业，商业房产的权利状况不一，有的存在土地使用权抵押，也有的建筑物尚未建成前设立在建工程抵押。此时房地产开发企业通过让与担保方式融资的，所采取的权利转移方式也五花八门，有的仅签订认购合同开具购房款收据，有的则签订网签合同

〔1〕 最高人民法院民事审判第二庭编著：《〈全国法院民商事审判工作会议纪要〉理解与适用》，人民法院出版社 2019 年版，第 404 页。

并办理备案，还有的甚至已经办理预告登记，但鲜有直接办理不动产权属登记的。在借款人单一、出借人不定的诉讼中，由于本金交付、利息支付都有条据、流水加以印证，流质型让与担保较容易认定。但在职业放贷人所涉的出借人单一、借款人不定的诉讼中，流质型让与担保极为隐蔽地潜藏在复杂的交易链条中，此时就需要从当事人之间合同履行、利息支付、标的物占有等细节方面审查当事人之真实意图，运用穿透式审查思维，突破买卖合同的表象，探求担保交易之实质。

2. 让与担保纠纷中法官释明权之范围边界

按照民法典担保制度的解释规定，债务人或者第三人与债权人约定将财产形式上转移至债权人名下，债务人不履行到期债务，财产归债权人所有的流质型让与担保条款，应当认定无效，但是不影响当事人有关提供担保的意思表示的效力。当债务已届清偿期时，债权人请求对该财产享有所有权的，人民法院不予支持；债权人请求参照《民法典》关于担保物权的规定对财产折价或者以拍卖、变卖该财产所得的价款优先受偿的，人民法院应予支持。此时就存在当事人主张法律关系与法院认定之法律关系不一致时，法官释明权的问题。

首先，让与担保纠纷中是否存在释明权基础。在流质型让与担保案件中，按照2015年民间借贷司法解释第24条的规定，当事人如果依据表层之买卖合同法律关系主张权利的，人民法院审查后认为属于担保的，应当向当事人释明变更诉讼请求，此规定与2002年版民事诉讼证据的若干规定之释明权的相关精神是一致的。但是在此后的2019年版民事诉讼法证据的若干规定、《九民纪要》、2020年民间借贷司法解释第24条乃至民法典担保制度解释的系列规定中，均一致地去除了法院主动释明之规定。而学界对于释明权的讨论本就有不同观点，反对观点认为，当事人主张法律关系是其请求权的基础，根据民事诉讼的当事人意思自治原则，不同诉讼策略产生的诉讼风险由当事人自行承担。如果法院主动释明法律关系基础，则势必影响居中裁判的基本原则。也有支持观点认为，当事人的法律知识储备、诉讼技巧等诉讼能力本就有高低之分。法院虽然对于法律关系主动释明，但诉讼请求仍然由当事人自主决定，一定程度的主动介入，可以避免衍生诉讼的问题，符合纠纷一次性解决的内在要求。笔者认同上述“支持”派观点，因为从实证数据可以看出，让与担保纠纷之上诉率和再审审查率都比较高，绝对的中立裁判并不一定能做到案结事了。只是将原本可能一次性解决的纠纷，演化成了后续多次诉讼，造成司法资源的浪费。

其次，关于让与担保纠纷之裁判文书说理论证。按照目前系列司法解释的规定，法院暂时未有主动释明之义务，让与担保权利人之诉讼策略由其自行决定。司法实践中，流质型让与担保权利人基于所有权提出诉讼主张时，有的是存在法律认知错误，认为取得所有权符合双方合同约定。当然也不排除有的就是为了恶意诉讼，其借款或者担保的目的就在于谋取非法利益。因此法院在裁判文书的说理论证中存在两种做法，一种是仅就买卖合同本身进行评价，认定买卖合同是不是双方真实意思表示，如果表意不真实的，认定买卖合同无效，进而否定当事人依据买卖合同所提诉求之法律依据，判决驳回其诉讼请求。另一种是直接在说理部分论证双方之间法律关系的实质是让与担保，名为买卖实为担保，双方之间实质意图为担保关系，因而当事人主张履行买卖合同或者享有所有权的，不符合法律规定，判决驳回其诉讼请求。两种做法不同之处在于，是否直接论证让与担保之法律关系的实质。“支持”派观点认为裁判文书说理评析部分是法律观点的回应，即便现行司法解释没有规定法官的主动释明义务，但否定当事人的主张应当具有法律基础，全面正确评价当事人之间的法律关系，可以做到释法析理，避免突袭裁判。“否定”派观点则认为当事人自主选择其诉讼策略，裁判文书说理部分如果直接认定了让与担保法律关系，有可能为当事人下一步诉讼指明了方向，不符合居中裁判的相关原则，同时也有可能对未来衍生诉讼产生既判力方面的困扰。笔者认同“支持”派观点，因为法律观点之有效回应是提升裁判认可度的必然前提。绝对的消极和中立裁判，尽管暂时掩盖了裁判者司法能力有不足，但从长远看恐怕有损于司法权威和司法公信力。

第五章

穿透式裁判背景下民间金融法律规制体系的重构

从穿透式监管到穿透式裁判，我国完成了民间金融监管从公共规制到司法范式的演进。然而，穿透式裁判绝非仅仅停留在一个司法裁判过程的方法论变革，为了实现民间金融规制监管与司法的统一、法律制定与法律实施的统一，穿透式裁判的进路和要求必然也应当在一定程度上反映我国民间金融法律规制体系的整体制度重构。换言之，在穿透式裁判进路的影响下，我国民间金融的法律规制体系应当进行整体的改进和完善，进而在顶层制度设计层面更为贴合和回应穿透式裁判的制度供给需求。只有实现了阳光化、制度化的金融组织结构，才具有与生俱来的可持续性、进化性天赋，阳光化的实现必然伴随相关法律制度的更新以及配套监管模式的优化，而内部法律的支持和外部管控的补充又能反哺民间金融的正规化发展，最终形成良性循环式上升的推动力量，将民间金融风险最大限度压制于合理范畴内，使得金融风险形成总体上的"平稳状态"。〔1〕

一般而言，当代法治社会的综合治理需要调动各个部门法的功能和作用，促进问题的"一揽子"解决和体系化治理。具体到民间金融这一涉及多方法律主体和复杂法律关系的社会现象而言，私法层面的民商事规范、公法层面的公共规制规范与刑法层面的刑事政策规范应当协调一致，共同促进我国民间金融法律规制体系的制度重构。其中，民商事规范在于界定和明晰民间金融契约结构的法律性质，继而为民间金融的行为边界、合法性认定以及当事人权益保障等问题划定规制标准；公共规制规范则倾向于确立和改革已有的金融监管体制及其工具，进而夯实民间金融实施过程的监管体系，防患于未然；刑事政策规范则立足于在刑法层面厘

〔1〕 参见刘希章：《民间金融风险引发因素、生成机理及形态演变》，载《东岳论坛》2020年第8期。

定民间金融风险的治理标准问题，它有助于清晰地划定民间金融特定行为的罪与非罪的边界、此罪与彼罪的边界、重罪与轻罪的边界，同时为民商事规范、公共规则规范等的实施提供保障。

第一节　穿透式裁判背景下我国民间金融民商法规制体系的制度重构

为了调适和规制金融活动，民商事规则显然应该作为基础性的法律制度。作为一个庞杂的部门法领域，民商事法律规则所涉及的法律渊源和制度体系汗牛充栋，其对民间金融相关业务的调整是碎片式的。但整体而言，民商事法律规则处理民间金融法律问题的路径不外乎两种：第一种是在民商事法律制度的基本规范层面规定民间金融的合法性、边界性问题；第二种则是在具体的民商事司法环节，将民商事规范的基本原则、基本逻辑予以适用时的逻辑进路问题。前者的视角主要关注理论、制度和规范层面的探讨，后者的研究视域则聚焦于实践运用中的情况，两者相得益彰。本节即从这两个角度分别探讨我国民间金融民商法规制体系的制度重构问题。

一、民间金融民商事法律制度的框架性改进

通常认为，规范民间金融行为的法律规范体系应包括三个部分：一是《民法通则》《民法总则》《合同法》等具有一般性的民事法律规范，专门针对非职业性的私人借贷行为。《民法典》实施后，此部分的相应规则均已并入《民法典》的总则编、合同编中。二是相关的交易主体法律规范，

针对特殊的民间借贷机构的借贷行为。三是专门规制民间借贷行为的法律规范。该类规则专门规制以营利为目的并专门从事借贷业务的机构和个人的借贷行为。但是该论断忽视了民间金融行为的多样性，仅从债权型融资行为的民商法规制角度进行了考量。民商法调整民间金融行为的范围应当从现有的债权型融资行为，扩大到债权型、股权及合伙份额型、类信托融资以及融资信息中介等民间金融行为。民商法调整民间金融行为的制度完善可从以下三个方面入手：一是出台“放贷人条例”，作为专门性法规规范债权型融资行为。二是健全证券私募投资者保护制度，弥补股权，合伙份额型及类信托型融资行为的规范缺失。三是为新兴的网络借贷平台提供法律指引，主要是构建信息中介服务基本规则。通过上述三个方面对于民商事法律制度的完善，可以弥补我国现行民商事法律对民间金融的适应性障碍，大幅提高民间金融市场效率，有利于解决民间金融纠纷，并为民间金融创新提供制度指引。

（一）出台“放贷人条例”

“放贷人条例”是针对正规金融机构业务活动之外的，对从事发放贷款行为的主体以及放贷行为本身进行规范的商事制度，它的调整内容包括放贷人（包括个人和组织）在设立、运营、退出环节中发生的各类社会关系，是商事法律的重要组成。“放贷人条例”是一个具有复合性质的法律规范，其既包含了公司法的规范目的，也需要考虑组织法与行为法的复合性、实体法与程序法的综合性、法律规范的多层次性，同时还兼有国别性与国际性。该项条例的颁布，需要确认和保护放贷人商事主体权益，指引商事行为模式，规范并监督监管机构的赋权与控权。[1]在

〔1〕 参见周琳静：《非吸储类放贷人法律制度研究》，南京师范大学2012年博士学位论文。

许多国家和地区，不仅事实上认可专业放贷作为一种民间金融业态而存在，在法律制度上，也有着专门的规定，如我国香港特区的《放贷人条例》、英国的《放贷人法案》、日本的《放贷业务法》、南非的《国家信贷法》等。

早在2008年，我国就已经考虑出台“放贷人条例”，但因为种种原因，导致这一法规未能正式颁布。其中，放贷人主体的管理机构设置、放贷活动中利率的限制，放贷人作为商事主体的市场准入制度等方面引发比较激烈的争议。对于民间金融市场治理而言，“放贷人条例”的出台，是正视民间金融商事性转变的表现，也是对民间资本投融资需求的积极回应，更是完善我国商事法律制度的必要举措。结合我国民间金融市场的发展现状，“放贷人条例”的立法应当着重回应以下方面的问题。

第一，确定管理放贷人组织的相关机构。放贷人作为一种专业性民间金融主体，除了以自有资金开展放贷业务之外，还可以在法律许可的范围内，通过银行贷款、发行证券、向其他金融机构融资等方式获取资金用于放贷。这一模式下，放贷人组织的经营风险具有向正规金融系统传导的可能，需要进行适当监管。考虑到放贷人组织业务的开展多局限于一定区域当中，经营模式也迥异于商业银行，服务对象、定价机制与正规金融不同，由正规金融监管机构实施监管难以取得良好的监管效果，应当以地方政府机构为监管主体，确保监管权力与风险处置责任相匹配。

第二，设置合理的放贷利率。放贷人组织所满足的社会融资需求具有特殊性，表现为无担保信用贷款占比较大、短期贷款占比较大、贷款风险水平较高等特征，因此不宜僵化限制放贷人发放贷款的利率上限。实践中，我国目前的民间借贷实际利率远高于银行贷款利率水平，之所以产生此种现象，一方面是市场自发形成的交易价格，另一方面是市场交易存在风险成本。研究认为，影响民间高利贷规制的基本因素包括契约法规则的精神：从契约自由到契约正义；也包括金融管制的理念，从金融监管到放松监管再到金融消费者保护；还包括社会环境的考虑，即经济形态的更替、民生状况的改善，经济安全的保障及理论思潮的转变等等。为了实现更好地规制，仅仅依赖生硬的法律条文是难以达成的，只有从内部或者内生要素的角度出发，才能更好地理解民间高利贷规制的历史逻辑和现实要求，进而达到治理目标。契约自由与契约正义所保障的交易自由和公平，金融监管所强调的经济安全，以及消费者保护所支撑的市场经济持续发展的基础，都是民间高利贷规制变迁的内生要素。〔1〕“放贷人条例”对于利率的限制，一方面应当与我国司法解释规定的利率上限相一致；另一方面也需要对高风险贷款、超短期贷款等特殊融资下的高利率予以豁免，避免损害正常的市场定价机制。

第三，规定放贷行业的准入标准。目前我国民间金融市场中经营放贷业务的主体繁多，在“放贷人条例”出台后，如何引导这些原本处于“地下”的民间金融主体走向阳光化，是放贷人准入条件设置过程中必须谨慎对待的问题。与通过准入制度取得放贷人资格相比，未注册的民间金融主体的成本更低，规避了税收成本，合规支出等。考虑到地区发展差异，具体准入的注册资本要求可以由地方政府以法规或其他规范性文件的形式进行确定。

第四，设置放贷人的内部控制制度。建立放贷人内部控制制度既关系到金融消费者合法权益的维护、市场体系正常有序运行以及整个国民

〔1〕 参见岳彩申、张晓东：《民间高利贷规制的法理源流及制度变迁》，载《政法论丛》2015 年第 2 期。

经济持续协调发展的实现，同时又是放贷行业在追求自身经济利益过程中安全稳健运行的可靠保证。应当从业务内控管理制度、人力资源管理制度、内部审计监督制度、内部控制评价制度四个方面充实、优化内控制度体系。[1]

(二)健全证券私募投资者保护制度

私募证券没有一个确定的概念或绝对的界限，它与证券公开发行相对立，与法律的规定相关联，因不同国家关于证券法律的差异而不同。我国《证券法》中的“私募”是指非经公开宣传，向200人以下特定对象发行证券的活动。私募证券的投资者保护制度欠缺体系完整性，主要原因在于我国尚未就投资者保护专门立法。现行法律中，能够适用于证券私募中投资者保护的规范可以分为三类，即以《民法典》部分条款为代表的基础性利益保障规范，以《证券投资基金法》《证券公司客户资产管理业务管理办法》部分条款为代表的专门性利益保障规范，以《刑法》《最高人民法院关于审理非法集资刑事案件具体应用法律若干问题的解释》部分条款为代表的威慑性行为控制规范。

由这些条款组成的我国证券私募投资者保护制度，存在理念与现实两个层次的问题。理念层面问题，是指现行法律表现出证券私募的投资者保护主要寄望于政府力量，包括前置的行政管控、后置的刑罚处罚等，而几乎未发现市场竞争机制、供需关系调节等市场力量实施的空间。现实层面问题包括：(1)我国《证券法》规定的证券范围过于狭窄，仅包括股票、债券以及视同证券的基金份额三类，导致许多具有证券属性的金融产品游离于证券法律规制之外，其投资者无法获得同等保护。(2)证券私募

〔1〕 参见周琳静：《非吸储类放贷人法律制度研究》，南京师范大学2012年博士学位论文。

投资者保护立法缺乏体系性，参与不同证券私募的合格投资者差异化标准尚未确立，民事责任、行政责任、刑事责任逐级递进的法律责任体系尚不完备。

从运行理念的角度来看，我国私募证券的投资者保护应当以市场自身运行规律为基础，并辅之以政府宏观调控的制度建设理念。从经济分析角度来看，最完美的状态应当是以完全竞争市场理论下的完全信息为基本假设，市场参与者获取的信息越完整，竞争越充分。然而，市场交易现实中存在的信息不对称现象对私募证券的有效市场竞争造成妨碍。投资者难以横向比较多个证券私募项目，证券私募项目之间也缺乏竞争，导致私募证券的发行人缺乏动力保障投资者利益以提高竞争力。政府在私募证券领域也应当提供一个基础性的标准，但对发行人高于标准的私募证券如何销售和交易，则交由市场进行调节。考虑到证券私募产品的多样性与创新速度，政府的基础性标准无须以发行人为原点进行设计，筛选投资者的合格投资者制度亦可担任这一基础性标准的角色。

就目前的现状而言，对私募证券投资者保护理念的具体化，和对投资者保护制度的科学性与体系性的实现，缺一不可。具体而言：一是对《证券法》进行继续修改，扩大“证券”概念的范围，一方面使“证券”的概念取得相对确定的内涵，另一方面对其外延进行动态开放。这一修改，是扩大证券私募投资者保护范围的基础，让“证券”的概念忠于理性，忠于现实，也就是正视投资者权益，正视市场规律。二是构建合格投资者制度。构建适用于整个证券私募领域的合格投资者制度，改变我国不同法规中对合格投资者的零散规定的格局。以投资者的风险识别能力，风险承担能力为坐标，确保合格投资者标准中“质”的统一。针对不同种类的证券私募进行投资者资产水平、收入水平、风险认知能力等指标的“量”的调整。三是降低信息隔离制度的影响。信息隔离制度是证券私募领域形成市场竞争的最大障碍，而市场竞争是市场力量保障投资者利益的基本途径，降低信息隔离制度的影响，就是对市场力量的松绑。多年的市场经济经验已经证明，市场竞争是保护和增进买方利益的最有效途径。在合格投资者制度作为底线保障的前提下，证券私募投资者保护将在市场竞争的环境中取得经济效率与安全效果的双重突破。[1]

（三）构建融资信息中介服务基本规则

在我国民间金融市场上，融资信息中介服务曾以“银根”“银背”的形态存在，随着互联网技术的广泛运用，网络借贷平台业务成为我国融资信息中介服务的最主要形式。这一新生事物在满足民间投融资需求的同时，也因缺乏基本规范而带来一定的社会风险和不良影响，甚至出现了以信息中介之名行信用中介之实的现象。

《关于促进互联网金融健康发展的指导意见》明确将网络借贷平台界定为信息中介，对其业务范围进行了明确的限制。“个体网络借贷要坚持平台功能，为投资方和融资方提供信息交互、撮合、资信评估等中介服务。个体网络借贷机构要明确信息中介性质，主要为借贷双方的直接借贷提供信息服务，不得提供增信服务，不得非法集资。”借鉴这一文件的规定，结合我国民间金融的基本特征，信息中介服务的基本规则应当包括如下方面：一是从事信息中介业务的主体应当严格避免牵涉到相关债权债务关系中，保持自身的利益中立；二是应当向借贷双方明确信息中介业务的服务费用；三是提供信息中介服务的主体应当具备相应的资质；四是信息中介服务不得滥用借贷双方信息，侵犯借贷双方隐私权；五是信息中

---

〔1〕 参见胡晓治：《论证券私募投资者保护的制度破立——信息隔离与风险控制之弈》，载郭锋主编：《证券法律评论》（2015年卷），中国法制出版社2015年版。

介服务主体应当具有相应的组织形式和内控机制。

二、民间金融民商事司法规则的范式调整

(一)中立原则与比例原则的综合运用

法律作为一门社会科学,其学说、观点和思路对于人类社会的描述都只能是在事后提出一种合乎逻辑的解说。因此,司法裁判的争议往往不是关于"要么正确,要么错误"的零和博弈,而是不同理念之间的交织。梳理各种争议后不难发现,裁判者既要有宏观层面坚持以控制金融市场风险为终极目标的大局意识,又要在处理个案过程中坚持法律的争议由法律来解决。此时,一般民商事规则领域中的"中立原则"和"比例原则"在民间金融领域的规范应用,将发挥举足轻重的作用。

司法裁判既是化解纠纷、维持秩序的直接工具,也承担着解决权力与权利、权利与权利乃至权力与权力之间纷争的现实使命,因此法官不能因保持中立而拒绝裁判,同时应在自由裁量时保持对监管机关等其他行政权力的谦让与克制。放到金融司法与金融监管关系中来看,金融司法亦应对金融监管这种行政权力保持谦抑,予以充分尊重,但同时要对金融监管的直接影响有所甄别,结合监管规则的层级对行政监管做出自主判断,这实际上是金融司法保持居中裁判的应有之义。

此外,公共利益在金融监管法律体系中并不鲜见,然而,"公共利益"用语在内涵和外延上并不明确。一旦"公共利益"被扩大化解释,将导致市场整体秩序与被监管个体之间发生利益冲突,并直接影响金融司法的公信力和权威性。因此,比例原则在金融司法中具有适用空间,从而在衡平公共利益与意思自治的过程中树立合法、合理的标准与框架。比例原

则发端于德国警察法，但经过发展已不限于警察法、行政法这样的传统公法领域，而是拓展到民法等私法领域中，主要指裁判者在行使自由裁量权时，其所采取的手段应与目的保持一致。如果解决方式有多种，选取的标准在于衡量采用何种方式成本最低，对公民和社会秩序的损害最小。比例原则运用于金融司法的理论优势在于，它可以用来衡平相冲突之权利、权利与利益，为未设定边界的权利冲突、利益纠纷的选择与取舍提供理性指引，与金融司法裁判的运行目标和价值导向不谋而合。当判定合同无效后，当事人之间的责任分担同样应当遵循比例原则。比例原则不仅有助于为扩大化解释或限缩性解释设定框架，并要求司法裁判过程要提供足够理性的法律论述，以增强裁决正当性。同时，也可以在司法对合同效力做出否定性评价的情况下，保护当事人在缔约过程中部分的真实意思表示，即比例原则与意思自治的民商事交易活动基本准则之间也存在一致的价值导向。

如（2018）沪 74 民初 585 号“杉浦立身和龚某股权转让纠纷案”，虽然最终的结果仍是认定合同无效，但法院结合双方真实意思表示、合同无效的法律后果等因素对投资收益进行分割，平衡了双方当事人的合法利益，采取了利益损害最轻的方式，并由此取得了良好的法律效果和社会效果。〔1〕可见无须动用公共利益如此宏大的话语对意思自治进行限制，通过比例原则来检验合法利益可能被侵害的结果，对达成目的与手段之间进行相当程度的平衡，也能在一定程度上弥合法律规定或监管规则之间的缝隙。

（二）审慎认定金融交易行为效力

市场经济体制因国家对经济间接干预的态度和市场主体的独立地位

〔1〕 参见周荃：《金融领域中监管与司法的博弈与融合》，载《法律适用（司法案例）》2020 年第 8 期。

而自带“中性”的光环，司法权得到了中性市场经济的物质支持和理念滋养，于是获得了保持中立的恒久动力。中立的金融司法既非绝对的主动介入，也不意味着退缩保守，而是能动地把握“时”和“度”而适时介入金融交易合同效力的判断及市场整体秩序的建立。这是因为：第一，金融司法要有所作为，也要注意具体案件的规则适用。司法裁决权，既是法院的权力，也是法院的责任，更体现了权责一体的理论基础。从责任的角度来说，当事人的诉求一旦诉诸法院，法院有责任依法对法律纷争行使最终裁决权，否则要承担相应的法律或政治责任。尤其在民商事案件中，各国法律均有规定不得因无法可依而拒绝裁判。但在处理过程中，还应特别注意监管规则和金融法律规定中关于强制性规定的理解和适用。如（2019）沪 74 民终 575 号案件中，一审法院认为：《道路运输条例》中“驾驶人员具备营运车辆驾驶员从业资格证”系行政法规的强制性规定，若驾驶员未取得相关从业资格证，则不得从事营运车辆的驾驶工作，二审法院就此认为，无论是当事人签订的商业险条款约定内容还是上述行政法规的规定，针对营运车辆驾驶资格证的要求属概括性条款内容，而上述行政法规的规定并未明确相应机动车驾驶证的内涵和外延均未明确，且无证据证明保险公司对上述条款履行了提示和说明义务，故二审法院对一审判决予以撤销并改判。第二，法官审慎认定个案判断，其实是在行使自由裁量权。自由裁量权意味着法官或法庭对法律规则或原则的界限予以厘定，法官或法庭自由斟酌的行为看似“自由”，但也是在一定的合理限度之内。自由裁量权的存在，作为其制约的手段和途径可以通过能动司法、司法克制来实现。在这些开放领域中，法官必须考虑司法权的界限问题，并受到一定司法哲学和观念的影响。金融司法作为维护金融秩序，保护金融主体合法权益的终极途径，在其他监管途径没有发生作用时，或按照比例原则尚未达到需要法律介入的严重性时，司法裁判不宜介入金融交易合同效力的否定性评价，一旦如此，便难以保持司法中立性，也不符合能动司法的理念。第三，具体交易行为的效力认定在某种程度上可以影响到后续类似的案件判决，而案件的导向作用将会影响市场秩序的维持。金融司法的举动紧密关联着金融市场的兴衰，由此体现法律确实是维护秩序的最后一道防线。上海推进金融审判专业化工作以来，从收案和结案类型看，金融司法调整的法律关系主要仍集中于金融商事交易行为，相对而言多属于私法范畴。因此金融司法应遵循私法自治的固有品性，即使法律介入进行调整也应该通过间接作用的方式，不宜对交易行为内容或效力直接评价，代之以通过为私主体提供协同商议、信息相对对称的交易环境，为诚信交易提供制度环境，规范交易行为，平衡各方利益，防范与化解金融风险进而与金融监管共同建设并推动发展成熟、规范的金融市场。

（三）以缔约过失责任化解行政责任转化难题

金融司法要扭转传统的“被动”思维，面对各类金融创新纠纷，要充分发挥在金融市场中化解冲突、平衡利益的作用，缔约过失责任就是金融法律转向的一个重要工具，能够为解决那些不符合监管规则或监管精神的金融交易合同如何承担相应民事责任问题提供突破口。目前已有一些国家选择使用先合同义务和缔约过失责任，对高压力的销售行为加以调整，赋予客户对合同享有特别撤销权。如在处理出借人对借款人的信息披露时，一般仅规定行政、刑事责任，但法、德等国对出借方违反信息披露义务施以民事责任，而这种责任也被定性为缔约过失责任。缔约过失责任从先合同义务出发，以民法上的诚实信用原则为基础，以保护信赖合同成立并生效的相关利益为目的，已被纳入我国合同法律规则体系，因此适用缔约过失责任具有相应的法律适用依据。

即使从法律理论体系构成等角度观察，引入缔约过失责任来解释监管过程中发现的合同或交易争议问题仍具有其自身优势：第一，符合金融商事交易外观主义的要求。商事交易外观主义是指在正常的市场交易场合，当实际权利人与外部第三人之间产生利益冲突时，应当认可外部人依据交易对方对权利外观之信赖而为之民事行为的效力。当然，此过程会涉及裁判中所需要的外观真实性证据以及当事人所尽的合理注意义务证据的提供。从本质上看，缔约过失责任是诚实信用这一道德准则法律化的产物，其法律基础在于保护当事人因信赖前契约义务而产生的利益。如美国《统一商法典》的规定，基于信赖关系而“使自己产生自我状态的变更”，进而得到法律的承认和保护，这实际上是在契约当中引入了商业惯例、将习惯作为法律保护的依据。因此缔约过失责任与金融商事交易的制度内核在逻辑起点上具有较高一致性，均是为了保护信赖利益而存在并发展。第二，解决合同无效后的法律后果如何确定的难题。在将此类有违监管规定或政策的金融行业交易合同效力认定为无效之后，亟须明确的是如何处理合同中已约定的交易安排。正如学界所达成的共识，应当注意区分合同无效与合同无效的法律后果，需要分析合同无效的原因，来认定当事人的责任。如果当事人存在过失或者故意，导致契约无效，基于外观而认定合同有效成立的相对人，应赔偿基于此信赖而产生的损失，也就是适用缔约过失责任，追究当事人因过错对合同无效的法律后果应适用的责任比例之做法，这未突破法律理论体系的逻辑构成，更为公平合理。第三，适当保护和平衡交易当事人的合法权益。适用缔约过失责任来解决合同无效后的法律后果已无立法障碍，亦无理论难题，但有关此项制度的法律规定并非强制，一方面既然如前所述，合同无效后可以通过具体情况具体分析来认定当事人责任性质和比例，那么自然也应当允许当事人选择是否适用缔约过失责任。从另一方面来看，因金融市场中从事业务类型不同，行业主体对于法律的认知程度和风险防范意识也不尽相同，因此有必要赋予当事人一定的选择权。缔结合同之时产生的过失损害赔偿请求权，有时候会与其他的请求权产生竞合，如侵权损害赔偿请求权、受欺诈、胁迫或者错误意思表示等之撤销权，或买受人之瑕疵担保请求权。在民事责任竞合的情况下，以共同的目的为基础的多个请求权中，任何一项请求权的行使可能就会在弥补当事人损失的问题上达成效果一致。因此，为了防止构成不当得利，任何一项请求权得到实现之后，其他请求权的行使就丧失基础。赋予当事人以选择权，一方面是防止其滥诉，另一方面也是避免其二次受益。现在实践中争议较大的就是以缔约过失责任为由要求赔偿的是信赖利益损失后，又依据合同约定分担赔偿比例的做法。

第二节　穿透式裁判背景下我国民间金融政府监管体系的制度重构

政府监管体系既是民间金融穿透式监管制度的出发点，也是穿透式裁判所参考、辅助的重要制度依归。故而，对我国金融领域政府监管体系进行适度地改进和完善，是促进民间金融风险防范、保护金融消费者，助推穿透式裁判有效展开的题中之义。整体而言，民间金融政府监管体系的制度重构主要包含如下三部分内容：一是金融监管体制内部的变革，这既包括监管理念的重塑，又包括监管权限的分野和界定；二是区分对政府金融监管体系和行业自律体系之间权责以及权力之间相互配合的问题，这涉及对政府干预与市场机制之间关系的处理；三是对政府金融监管体系和司法裁判体系之间如何有效分工的问题。前述第一部分主要是指监管体制的内部问题，而第二部分、第三部分则涉及监管职权如何与其他权利(力)进行协调的问题。

一、民间金融政府监管的理念重塑与权限界定

(一)谦抑监管与精准监管理念的有效导入[1]

伴随市场经济的深度发展,现代社会公共规制体系面临日益复杂化的政策命题逐渐力不从心:一方面,市场创新带来了未知的社会风险。现有立法和公共规制体系为了回应这些不确定的风险,可能会以机械适用现有规定的形式应对新的市场现象,从而造成规制成本与收益不成比例,尽管有时克服了创新存在的风险,但也可能扰乱了市场规律,在一定程度上压制了有效的市场创新。另一方面,随着互联网、人工智能、大数据等技术的普遍适用,市场交易手段日益复杂化、多样性,同时也加剧了公共规制的信息不对称问题。既有立法和公共规制体系在回应新的社会现象时,可能无法穿透复杂的市场表象,实现对市场失灵问题的"精准打击"。这在民间金融活动多层嵌套、创新手段日益复杂的当下,体现得亦尤为明显,换言之,金融监管可能不够"精准"。

面对上述现实,当代社会在面对很多新生规制命题时,通常需要综合适用"激励"与"控制"两种手段,确保公共规制同时符合"谦抑性"和"精准性"的相关要求,进而实现市场失灵问题的系统化治理。为了促进市场自身的发展,一般都选择尊重市场自身的运行规律,有一类经济现象

〔1〕 本部分内容对精准监管、谦抑监管两大理念的分析是在综合借鉴如下文献资料的基础上形成:(1)刘大洪、段宏磊:《谦抑性视野中经济法理论体系的重构》,载《法商研究》2014 年第 6 期。(2)刘大洪:《论经济法上的市场优先原则:内涵与原则》,载《法商研究》2017 年第 2 期。(3)王永强、管金平:《精准规制:大数据时代市场规制法的新发展——兼论〈中华人民共和国食品安全法(修订草案)〉的完善》,载《法商研究》2014 年第 6 期。

如果不存在市场失灵的情况下，尽量选择适用市场机制进行自我调节，国家不应该过多干预。但如果涉及包括促进经济发展、其他公民的权利和自由等公共利益的经济行为，则需要借助国家的调控手段，但是即便如此，干预也还是需要以一定的界限作为标准，即监管要保持一定的“谦抑性”。如果一类经济现象的社会影响是多面化的，既具备明显的社会积极性，又潜在具有一定的社会风险，此时必须对激励与控制两类规制工具进行精巧的组合配套。[1]这一逻辑理应同样适用于民间金融监管领域。故而，民间金融政府监管有必要同时引入“谦抑监管”和“精准监管”的指导思想，实现监管理念的重塑。

首先，民间金融需要适用谦抑监管理念，实现对民间金融领域各类复杂金融创新现象激励与控制的有效衡平。创新是社会经济发展的重要动力，市场经济领域的任何创新，其最初都具有适度绕开、规避当前法律规定和公共规制体系的动因。对民间金融穿透式监管、穿透式裁判的倡导，并非指完全以“穿透”和风险治理的名义去打压金融创新，而是要以一种适度、审慎、内嵌于市场机制的态度，谦抑地对市场失灵问题进行应对，准确、恰当地识别民间金融领域的乱象和问题，将其与正当、安全、合法的金融创新区分开来，以谦抑的手段去应对金融领域的市场失灵问题。换言之，针对金融领域的市场失灵，对其间复杂嵌套的契约结构的穿透式治理，一定要建立在准确、恰当地识别其本质和风险的前提之上，既不应忽视风险，更不应夸大风险，用适切的监管手段处理适切的问题。

其次，民间金融需要适用精准监管理念，解决当前分业监管框架下的监管真空、监管冲突等问题，实现市场失灵问题的穿透式治理。针对各类市场交易行为，理想的监管手段是根据行为违法性、社会危害性的程度，

〔1〕 参见刘大洪：《网约顺风车服务的经济法规制》，载《法商研究》2020 年第 1 期。

采取与之匹配相适应的干预机理，换言之，监管应当“精准”，实现对市场失灵问题的“精确打击”。在民间金融领域，问题复杂化的原因在于随着金融创新，金融产品形成多层嵌套的状况，难以摸清和厘清其中的法律关系以及相关事实。而且由于契约结构极度复杂，金融产品的效力和风险又在个体和整体结构下的效果截然不同，监管的信息不对称程度大，这为有效监管的实施提高了难度。故而，有必要引入精准监管的理念，通过穿透式的审查、监管与司法裁判，精准识别不同金融契约结构的成本、效益、风险问题，进而消弭当前分野监管框架下多重监管机构共同负责、纵横划分所产生的监管真空、监管冲突等问题，真正意义上实现民间金融的系统性治理。

（二）权限界定问题：金融监管权主体职责的明晰与划分

法律的制定和修改应该是民间金融监管主体权责分配的标准。要实现有效监管，就必须合理划分民间金融监管主体的权力边界，才能最终实现有效监管的目标。当前我国金融监管权纵向配置存在模式失衡、内容失当、运行失范等问题，需要重新审视地方政府在金融监管体系中的作用，赋予地方政府适当的金融监管权，构建我国横向统合、纵向分权的监管模式，以实现金融监管权纵向分配的合法规制和有效监管的目标。〔1〕

一般来说，金融监管主要分为前、中和后三个环节，前端和中段主要是负责对各项金融活动的准入设置标准，而后端则是负责对金融活动进行兜底性的监管。具体来说，完整的金融监管应当是具备了市场准入、业务经营、风险处置以及市场退出等多个环节。前、中以及后端的各个环节应当是“环环相扣”“相互配合”“相得益彰”，才能保障最后的总体监管

〔1〕　参见段志国：《金融监管权的纵向配置：理论逻辑、现实基础与制度建构》，载《苏州大学学报（哲学社会科学版）》2015年第4期。

效果是有效的。适度调整地方政府相关部门的金融监管职能,有助于监管体系长期发展。各地的金融监管职责应由各地政府根据自身的管理职责承担,应在地方设立专门的金融监管机构,明确赋予地方政府与履行区域金融风险防范处置责任相匹配的监管权。具体措施是按照设立省、市、县三级地方标准,设立金融监管局,既要接受上级地方金融监管局业务指导,也要随时向受同级地方政府汇报相关的工作,受其领导。

整体而言,合理的民间金融监管主体设置方案应当摒弃机构监管的简单化思路,结合不同的监管职责和非监管性工作职责对各类民间金融业务类型进行监管主体设置,即从机构监管转向功能监管。采取功能监管的手段,能够使监管的效果更具有稳定性。具体而言,直接的金融监管职责包括金融犯罪防范、政策效果评估、市场风险评测和市场发育引导;监管数据的采集、监管机构间的议事协调等工作则构成非监管性的程序性工作职责。资金池监测、账户监测共同构成金融犯罪防范的具体职责内容。政策效果评估职责包括金改政策落实情况调研、金改政策市场实用性调研等功能。市场风险评测职责包括基于大数据的金融业态风险分析及实体经济的金融耐受性分析等功能;市场发育引导职责包括利用补贴政策引导民间资金流向和民间金融机构服务方式转型等功能。

具体到民间金融业务类型划分上,则主要应当依照如下三类不同金融业务类型配置金融监管权限:(1)经营债权的行为,如小额贷款业务、P2P/P2B 网贷业务、典当业务、民资公司的财务投资业务等;(2)经营股权和份额权的行为,如创投业务、众筹业务、私募股权基金业务、民资公司的股权投资业务等;(3)经营或有负债的行为,如担保业务。对于从事民间金融网络经营、跨地域经营的主体,应当由“一行两会”设计监管框架,制定监管政策,地方政府部门在框架内对其履行监管职能,实施现场监管并承担风险处置责任。地方金融监管权是在金融监管权纵向配置的背景下对金融市场发展的制度回应，也是金融监管权配置理论的逻辑自洽。[1]除此之外，还应制定全国性的监管标准增强行业规范性，对地方政府赋予法定监管职责以避免地方保护和经济发展激励之下的监管竞次问题。

二、民间金融政府监管与行业自律的权责划分

如何做好政府金融监管部门的监管成为民间金融法律规制中的重要一环，也是现实之所需。但是在一个成熟、发达的市场经济体系中，政府监管的运行通常并不是完全自足的，而是有必要辅之以自律性金融行业协会的建立和运行。作为“社会中间层组织”的一类，行业协会在参与社会治理方面具有举足轻重的作用，它们可以运用市场化的方式促进社会管理创新，以适应市场化的要求。社会中间层参与社会治理超越了以国家为中心的传统政治思维，这不仅改变了维护社会秩序的权力性质，也扩展了权威的来源。[2]故而，以行业组织为代表的社会中间层组织常被冠以“第三部门”的称号，其改变了社会公共物品和社会政策仅由政府或市场两级提供的弊病，是有效维系、衡平政府与个人的重要组织类型。[3]换言之，如果说政府监管代表政府公权力通过外在干预的手段治理市场失灵问题，那么行业组织的自律职责就是通过内化于市场自身的方式促进市场失灵问题的“自净”。

在民间金融发展问题上，一方面要以谦抑、精准的理念和态度实施全过程政府监管，促进金融消费者权益的维护和系统性风险的防范；另一方

〔1〕 参见段志国：《论地方金融监管权的理论逻辑与配置建构》，载《宁夏社会科学》2015年第2期。

〔2〕 参见曹胜亮、胡江华：《社会中间层组织参与社会治理创新的制度困境与建构》，载《河南社会科学》2019年第7期。

〔3〕 参见刘大洪、李华振：《政府失灵语境下的第三部门研究》，载《法学评论》2005年第6期。

面，政府监管也并非万能的，通过引导、促进金融行业自律，亦可调动起行业自身制定规则、参与风险治理的力量，填补政府监管力所不能的罅隙和缺口，真正意义上促进民间金融问题的健全规制，共同促成民间金融的规范化发展。故而，对于政府监管、行业自律这两种源于不同力量基础的监管方式，需要对其具体治理权限加以精准的区分。

（一）政府金融监管机构的权限

在金融治理问题上，政府金融监管机构的权限显然是最首要、最刚性的，具体而言，政府金融监管机构的主要权限应当包括：

1. 提供基本的监管制度

要构建民间金融监管制度，其中要包括前期和中期阶段确定金融业务的主体、金融业务的准入，并且要具备业务主体资格取得的积极条件和消极条件。当然，在后期具体的监督阶段，要侧重在放贷业务的利率控制方式和水平，交易规则和信息披露的格式、程序等行为当中。上述的文件制定以及执行，都需要地方政府尤其是地方金融监管机构发挥重要功能。同时，省级金融监管机构应根据各地具体情况，出台地方性变通规定，以适应不同区域民间金融的发展，毕竟民间金融是内生性的、具有各种缘约文化的金融形式。综上所述，民间金融借贷的发展离不开政府金融机构的监管和引导，只有合理有效的监控，才能更好地维护市场交易秩序。

2. 建立民间金融监测系统

民间金融行为在未被法律正式承认之前，其多选择以隐蔽的方式存在、运行，其相关的运营和内部信息外部相对人无法获悉。一方面会影响到相对人利益的保护，另一方面也会影响其他机构对民间借贷金融行为的监控。中国人民银行作为货币政策制定者，其若无法有效检测和判断某一个地区的资金流量以及金融风险评估值，将会影响一些普通投资者的投资热情以及加大其投资风险。所以建立民间金融检测分析点势在必行。通过监测点的分析，为各项宏观经济政策的制定以及民众从事民间金融活动提供较为准确的信息，并提示风险，及时反映民间金融的资金量、资金流向及利率水平，成为民间金融的晴雨表。

3. 直接监管民间金融

对于民间金融的监管事宜应当注意区分权限，因为会涉及银监局与地方金融办在监管权限上的冲突。从各自发挥优势的角度来看，地方银监局主要管理市场准入与退出以及行业协会的惩处事宜，而地方金融办主要管理日常经营活动的具体细节。之所以将一些较为宏观管理的事宜归于银监局的职责，因为银监局一般具有较丰富的监管经验，能够有效地防止不适格主体进入市场，同时维护金融主体的权益。而对于其中的市场准入制度，其属于金融组织机构设立与运行的前提条件，更是防范和规避金融风险的重要基础之一。而近年来，涉众型的金融活动往往产生较大的市场影响和社会影响。因此对市场准入这一项制度的严格把控，能够更好地防范市场的金融风险。

4. 对民间金融行业协会的调查和处罚

行业协会要尽职尽责，做好监管工作。否则，若在其应尽的职责范围内，没有尽到合理注意义务，导致相关民间金融组织的参与者发生违法性事件，政府监管机关有权对行业协会或者行业协会的成员企业采取惩戒措施。正因为金融监管权主要保留于政府机构，故而对于这些行业协会也会造成一定的压力，换言之，金融监管权在现有阶段保留于政府机构中，会促使自律性机构走向健全，逐步推动相关市场的建设。为了保证监管权的行使更为有效，要设置一个行使的界限并且有相应的程序与条件，避免权力的滥用以及不当侵害其他当事人的合法权利。另外，要采取差异化监管，根据风险以及是否涉众等标准来确定监管程度。

5. 对自律性行业组织的章程、业务规则进行备案审查

民间金融的自律性组织应确保其行业规章及其他业务规则等行业组织内部规章不能与法律、行政法规的禁止性规定和社会公共利益相违背。所以在制定了相关规则之后，应当首先报备于金融监管部门，并设置一定的异议期，若无异议，则可生效。

（二）民间金融自律性组织的监管权限

从世界各国民间金融监管的做法来看，行业自律性监管卓有成效的莫过于美国的独立社区银行家协会（ICBA）。该协会不仅服务于社区银行，促进了金融业公平竞争，还较好地遵循了这些小型银行的内生性特征。当下中国民间金融异常火热，在没有相关自律性组织的前提下，如何为即将设立的民间金融行业组织确立监管权限，从而引导民间金融健康发展，成为民间金融规制中不可回避的一个问题，也是与金融行政监管相衔接的一个重要方面。

1. 制定自律性规章

民间金融自律性规章必须在银监局进行备案审查后方能生效，主要包括民间金融行业标准（主要是区别于大型正规金融机构）、行业协会会员资质标准、业务准则、组织管理规范、职业道德及行业内部有关纠纷解决机制等。上述行业规章的实施成本低于立法机关制定的法律的实施成本，因为前者实施的阻碍和难度相对较小，而且更适应市场的发展。行业规章是以行业成员自愿遵守为基础，是行业协会实施自律性监管的准则与起点。因为这一类规章遵循了市场自治的规律，有不少学者就此主张对于民间金融的监管以自律性监管为主，政府金融监管为辅的监管模式。虽然此种自律性规章有其不可忽视的制度优势，但是我国目前金融监管活动尚处于较为薄弱的状态，自律性监管尚不足以成为监管的主流力量。为了推

动自治监管的实施，通过各项金融指标的设定，每年对相关金融组织进行评价，并向社会披露这些信息，充分发挥自律监管与行业警示的作用。

2. 采集交易信息，建立行业协会会员的信用档案并对外披露

因为民间金融内生自发性、隐蔽性等特征，使得外部监测的政府机构无法监测到有效和准确的信息，管理措施相对滞后。当然，这一部分反馈信息并且合理有效管理检测的职责将会落到行业协会监管头上。因为行业协会与金融交易活动的关系更近，其亦更了解交易行为的发展，对于各项实时数据的掌握更为简便。由此行业协会要充分发挥其在信息收集以及披露方面的优势。行业协会作为民间金融行为的晴雨表，应当设置合理的金融交易指标、合理管理交易行为的信息登记，披露其会员进行信用等级。作为自律性组织，民间金融市场治理的法律制度可以考虑发布以下相关信息：民间金融组织获得市场准入的情况、经营范围、资本金、交易数额、涉及纠纷情况以及是否违反行业组织内部规章的情况等。如果涉及不特定对象，还应披露拟集资企业的资信状况及公司营业情况，并由此建立激励机制，有效推动金融行业自治的良好运行。

3. 对协会会员实施相关监管与惩戒措施

如果自律性组织没有相应的惩戒措施，其监管权力的行使将无法受到会员的重视。但由于自律性行业组织并非具有国家公权力的机关，故而其惩戒权通常限于行业协会内部，且多数表现为声誉机制下的惩戒方式，如会员资格的取消、行业的禁入等，无法采取罚款、吊销营业执照等金融行政监管机构所采取的惩罚措施。对于会员的监管主要是集中在对相关的通过行业准入与退出、行业评比等金融指标。民间金融的内生自发性决定了民间金融契约私人治理机制的效果，其中就包括这种声誉惩戒机制的重要性。组织内部的声誉罚、资格罚和集体抵制等措施，甚至比法律惩治措施更为有效。

4. 解决纠纷

从古代的商会具有的处理内部商会成员的纠纷至今，发展为民间金融自律性组织的行业协会，解决内部纠纷的技能一直延续。由于行业协会是行业组织成员自发生成的，具有信息与专业优势，可以高效灵活地处理这些纠纷，从而减少当事人的诉讼成本，并且增加诉讼替代解决机制的可能性。行业协会主要需要处理的纠纷包括会员之间以及会员与消费者之间的纠纷，以实现最终维护市场交易秩序的目标。

5. 与政府监管机构进行协调，促进行业发展

自律性组织，不仅要发挥监管者的功能，还要发挥服务成员，为成员提供相关信息的重要作用，更要向政府等监管机构汇报以及协调各项监管工作。其既是一个监管工作的执行者、协调者，亦是会员心声的反映者。行业组织要联合和协调政府监管工作，一方面要反映行业内部交易的真实数据；另一方面也要提出行业内部的有效监管意见，更好地协调各项监管工作有力开展。这将促成自律性监管与政府监管相结合，成为政府监管机构与市场主体之间的中间层。同时，为了民间金融的健康发展，行业协会应当建立会员的信用体系，适时向社会公布。

三、民间金融政府监管与司法裁判的合理分工

金融抑制现象是导致我国中小企业融资难、融资贵以及融资慢的核心问题。金融抑制本质上具有“所有制歧视”以及“规模歧视”的特征，中小企业本身规模较小，一般的正规金融机构不愿意对其进行融资，所以中小企业在正规金融领域的融资成本很高。为了解决融资困境，中小企业只能“铤而走险”，选择向非正规金融机构进行融资。为此《关于促进中小企业健康发展的指导意见》专门强调，通过“积极拓宽融资渠道”和

“支持利用资本市场直接融资”等措施“破解融资难融资贵问题”。随着市场经济的不断发展，企业融资的方式和手段越来越多，比如我国通过创投基金、私募基金、典当、商业保理、信托、资管等多种形式，扩大了中小企业的融资渠道，加大了对企业融资的支持力度。在此过程中，小额贷款公司、商业保理公司、民间融资服务企业等商业或金融组织也不断增多，在逐渐改变以银行为主导的传统金融体系结构的同时，防范金融风险、规范金融机构行为和促进各类金融机构间公平有序竞争，也逐步成为金融监管工作的重点。

从根本上来说，民间金融交易要获得长足的发展，必须依赖于合理有效的金融监管工作，而金融监管工作的展开，离不开完整统一协调的监管系统，但我国目前尚未形成统一监管的局面。该分裂的局面主要表现在我国各个地市的金融办、中小企业局、银监局、证监局、发改委、经信局甚至财政局都不同程度介入民间金融的监管领域。当然这种情况，也是因为此前我国相关法律当中并没有一个明确的监管机构，针对金融市场的监管，存在“争着管”或者“没有机构管”的情况，无论何种情况，都不利于市场交易秩序的维护。既然目前各个机构的监管职责都无法明确，在此情形下，借助法院司法权行使，厘清金融案件当中的法律关系，实现个案正义与公平，并不断推进以形成类案适用的局面，由司法适当解决金融纠纷，在一定程度上充当金融监管者的角色，也不失为契合当下的有效治理方案。

尽管最高人民法院出台及修改相关司法解释限定在“根据审判实践需要”的前提下，但实际影响已超越司法审判而广泛波及除银行以外的各金融机构的借贷和准借贷行为。这主要表现在两个方面：第一，2020年民间借贷司法解释第1条第2款明确“经金融监管部门批准设立的从事贷款业务的金融机构及其分支机构，因发放贷款等相关金融业务引发的纠纷，不适用本规定”。但是，面对我国逐渐增多的金融性机构以及日益复杂的金融业务，哪些借贷或准借贷关系，需适用司法解释，进而受到民间借贷利率限制，总存在“民间借贷行为”和“借贷行为主体”两方面的边界不清晰问题。第二，2020 年民间借贷司法解释第 32 条规定，人民法院新受理的一审民间借贷纠纷案件适用新规，包括借贷行为发生在 2019 年 8 月 20 日之前的，可参照原告起诉时 LPR 的四倍确定受保护的利率上限。此规定导致民间借贷协议中利率约定超过 LPR 的四倍的借款人，或主张变更合同利率约定，或通过诉讼获取支持，事实上形成了该司法解释利率上限规则普遍调整此前的民间借款合同利率的效果。从此效果而言，司法解释相关规则实际上形成了对民间借贷合同的规制，起到了借款利率调整“指挥棒”的功效。这种“指挥棒”功能，离不开金融监管机构的职责范围。

民间借贷司法解释有良好的制定初衷和现实需要。降低中小企业融资难度和费用成本，对民间借贷利率上限的限制被认为是有力措施之一。同时，伴随民间借贷类案件进入司法程序，特别是当事人一方提出利率过高予以调整的诉讼请求时，人民法院必须依据确定的裁判规则厘定利率，确定借贷当事人的给付义务和责任。从此客观需要来讲，以 LPR 的四倍取代 24%、36%双线的标准更为市场化，值得肯定。当然，也需要看到事物发展的多面性和复杂性。在民间借贷的复杂系统中，以具体案件纠纷裁判为目的而出台司法解释，不能单纯考虑纠纷解决，还应关注整体金融大环境。

在裁判中需“关注结果”——既要个案纠纷解决，还要从宏观上考量司法规则对社会经济的引导、指示功能。在民间借贷领域，以司法解释方式降低利率，甚至支持司法解释出台前已生效的借贷关系中下调利率，形式上降低了民间借贷成本，但可能引起惜贷效应：在现有利率控制下，部分民间借贷类型收益降低，甚至不能覆盖其运营的成本，借款人会被逐出民间借贷领域；因为利润的摊薄，出借人不愿承受高风险业务，进而对借款人严格筛选，也会挤压部分借款人获得融资的渠道。如果民间借贷的资金供给量减少，选择借款人更加苛刻，则单纯降低民间借贷利息支出，是否能真正起到支持中小企业更便捷、高效和低成本地获取融资是存疑的。在既有的司法解释条件下，从助力中小企业融资角度出发，可以在司法审判实践中注重解释适用范围的调适，避免民间借贷利率规则的效果过度扩张。因为参与民间借贷的出借人形式多样，典当、小额贷款、消费金融等行业存在诸多（地方性）商业惯例，而现在将这些行业统一纳入民间借贷司法解释利率限制的范围，是否符合该种借贷性质的交易关系特点，以及是否符合该类交易行为的行业惯例，都需要通过实践检验。因借款人的信用和财产能力的不同，甚至因获取融资的渠道、地域、当事人关系等方面的不同，都会影响利率的确定。因此，有学者在认可对利率进行适当管制的必要性前提下，认为对民间借贷利率上限调整应当保持灵活度，实行动态调整；需要针对利率结构机制实施因人、因事、因地制宜的精细化、差异化管理。

在司法领域，需要防范司法解释确定的利率上限过度扩张的态势，在确定 LPR 的四倍利率上限标准前提下，缩限该利率限制的适用范围，这将有助于增加借贷资金供给。应相信市场的机制和功能，在获取融资的渠道丰富、资金供应量增加的情况下，健康的借款人是能够以更低的成本获取融资的，如此司法解释的目标之一“持续增强市场主体的发展动力和活力，保持社会融资规模合理增长，推动综合融资成本明显下降”，也将得到良好的实现。我国中小企业融资难问题的解决并非一朝一夕。该问题解决的关键在于要考虑和结合中小企业自身的特点和优势，为其寻找到匹配的融资对象。即使在司法领域，除关注民间借贷利率外，提升人民法院民间借贷类案件的执行效率，也是“确保民间借贷平稳健康发展”的重要层面。高效公正的案件对民间借贷的影响是多方面的：如果出借人能够便捷、高效地获得司法保障，确保其合法债权经由司法执行获得清偿，则会增加其参与借贷活动的积极性，客观上增加了民间借贷的供给。反之，如果司法执行无法满足出借人债权安全保障的需求，其会寻求私人救济等社会性途径解决纠纷，这无疑会增加出借人的经济成本和行为合法性风险。当然，如果债权的私人救济途径被挤压，则出借人的理性选择就是退出民间借贷市场转而寻求其他商业机会。若真如此，借款人的融资渠道会进一步受限，可获融资量会减少，融资成本相应增加，这也是借贷市场动态调整的表现。综上所述，司法为保障民间借贷平稳健康发展、推动融资成本下降，不应仅局限于以规则方式明确民间借贷利率上限的形式操作，而应当更多地遵循市场供给需求的动态调整规律，适当缩限民间借贷利率上限适用主体范围，并注重司法审判和执行对合法民间借贷关系的高效公正保护。

第三节　穿透式裁判背景下民间金融刑法规制体系的制度重构

从刑事政策角度来看，对民间金融的规制主要涉及两个层面的问题：其一，立足于现实刑事政策理解和实施的基础上，需要明晰针对民间金融的刑事政策边界，清晰地厘定罪与非罪、此罪与彼罪之间的界限，明确在法教义学层面的民间融资刑事政策边界，为参与和实施民间金融的法律主体确立一个稳固、透明、可预期的刑事政策风险范围；其二，立足于未来刑事政策改进和完善的基础上，则需要正视当前刑事法律制度整体对民间金融规制问题存在的现实缺憾，进一步地调适、改进和修正已有的形式法律制度体系，完善民间金融领域的刑事政策。本节即从如下两个角度分别探讨我国民间金融刑法规制体系的制度重构问题。

一、规范层面的民间融资刑事政策边界

非法集资行为在我国的刑事法律体系中，并不构成一个独立的刑事罪名。但从其行为的危害性后果来看，其最终应当归入以融资活动为载体的罪名系统当中。非法吸收公众存款罪是近年来各项数据中触犯频次最高的罪名。此种情形不仅表明市场经济中民营企业“融资难”的问题比较显著，也反映出非法吸收公众存款罪在实践中存在不当扩大适用的问题。“如果不融资，就无法发展；若去融资，有可能是走向一条不归路”，这可谓是民营企业的辛酸写照，也是民营企业融资和企业家犯罪的最大刑事风险点，为此我们必须界定出民间融资活动的刑事法律边界。为了规范法律适用的统一，我国先后出台了四部司法解释，形成了打击非法集资犯罪的司法适用体系，划定了集资行为罪与非罪的分水岭，由此也确立了民间融资活动的刑事法律风险界限。依据法律规定，“非法性”“公开性”“利诱性”“社会性”四个特征构成非法吸收公众存款罪的成立要件。虽然在后来的司法解释中，一定程度上修改了“公开性”和“社会性”的认定标准，但“四性”特征依然共同构成了非法吸收公众存款罪的成立标准，这也是规范层面的民间融资刑事边界重要依据。

（一）本质特征：对“非法性”的认定

以筹措资金为目的，属于正当融资与非法集资行为的共性。但从法律本质来说，前者是合法行为，后者是非法行为。以“非法性”作为区分融资活动的罪与非罪之间的界限，是恰当的，亦是非法集资行为应当受到刑法规制的基础。为解决实践适用困难的问题，在打击非法集资的司

法解释体系中，多项法律规定当中都提及了关于“非法性”如何认定的标准。我国规制非法集资法律规范中的变化频次很高，对于“非法性”这个最为核心特征的认定，随着时代的发展，其内容经历了多次重大修改。对于“非法性”的认定标准，早在《关于审理诈骗案件具体应用法律的若干问题的解释》中，将“非法性”只限定为“未经有权机关批准”标准。后来，最高人民法院在总结司法实践的基础上，考虑到这种单一的“形式认定标准”存有诸多局限性，并不能满足打击新型非法集资活动的实际需求，例如合法借贷、私募基金等在内的融资活动，在程序上无须经过有关部门的批准；获经批准，并不意味着就一概合法，违法批准、骗取批准的集资行为依然属于非法集资；对于法律已有明确禁止性规定的行为，没有必要考虑是否批准的问题。因此，在2010年颁发的最高人民法院《关于审理非法集资刑事案件具体应用法律若干问题的解释》中，在继续沿袭形式认定这个长期通行标准的基础上，又增设了“实质认定标准”，即借用合法经营的形式吸收资金，借此给司法机关提供了认定的“第二把手术刀”，由此形成了现在“非法性”认定的二元标准。在认定“非法性”时，关于其中“法”的外延，是一个关键的问题，这直接关系到违法性认识的核心问题。对此，最高人民法院《关于审理非法集资刑事案件具体应用法律若干问题的解释》采取的是绝对性立场，规定“违反国家金融管理法律规定”，彻底地排除部门规章作为认定“非法性”的依据。但是，在实践中，上述规定会产生适用不足，因为相关规定过于概括和抽象。2019年最高人民法院、最高人民检察院、公安部联合颁行《关于办理非法集资刑事案件若干问题的意见》关于非法集资的“非法性”认定依据，[1]

---

〔1〕《关于办理非法集资刑事案件若干问题的意见》明确要求司法机关应当以国家金融管理法律法规作为依据；对于国家金融管理法律法规仅作原则性规定的，可以根据法律规定的精神并参考中国人民银行等行政主管部门依照国家金融管理法律法规制定的部门规章，或者国家有关金融管理的规定、办法、实施细则等规范性文件的规定予以认定。

继续沿用折中的立场，但其也将相关规定具体化，其设置了“可以参考部门规章”作为前提条件，即国家金融管理法律法规仅作原则性规定。

（二）外在特征：对“公开性”的认定

在非法集资中，无论是投资人还是其所筹措的资金都表现出逐层累积的特点，即呈金字塔结构。作为典型的涉众型犯罪，非法集资的外在推动力就在于行为人“向社会公开宣传”，致使集资信息很容易地在社会公众中大范围地快速扩散，产生辐射效应，导致众多人员参与其中，加速了非法集资规模的快速扩张，产生较大的社会影响力。其实最高人民法院在制定《关于审理非法集资刑事案件具体应用法律若干问题的解释》过程中，考虑到“公开性”是一个关键性特征。从具体来看，所谓的“公开性”应当理解为“向社会公开宣传”，同时这个理解也可以作为区分非法集资与合法融资的关键之所在，即出借人是否向社会公众吸收资金的证明，非法吸收公众存款罪的一个构成特征中新增了“公开性”特征。依据相关的司法解释，“公开性”的成立包括以下两种宣传模式：

第一，以各种途径向社会公众传播吸收资金的信息，这表现为“主动宣传”的方式。《关于审理非法集资刑事案件具体应用法律若干问题的解释》中，采取“列举式”的规定，将当时比较典型的利用媒体、推介会、传单、手机短信等途径予以列明。随着时代的发展，互联网平台、大数据时代的来临，改变了市场交易的传统模式，也改变了公众惯有的生活方式和思维方式。最高人民法院、最高人民检察院、公安部考虑到宣传的手段并不重要，在 2014 年颁行的《关于办理非法集资刑事案件适用法律若干问题的意见》中，改用目前抽象式和概括式的手段。因为法律总处于相对现实更为滞后的情况中，因此要设置相应的兜底条款以应对将来不断出现的新情况。

第二，放任吸收资金的信息向社会公众扩散。这主要体现在最高人民法院、最高人民检察院、公安部在 2014 年颁行的《关于办理非法集资刑事案件适用法律若干问题的意见》中新增设的内容。主动向社会公众传播吸收资金信息的行为应当不排斥“口口相传”的消极放任宣传方式，两者在传播效果和接受效果上并不会存在较大差异。需要指出的是，上述司法解释自始都将“公开性”列为非法集资的入罪“门槛条件”。但是在其他的部门规章当中，“公开性”的规定内容各有出入，总体来说，就是在“公开性”概念的理解上，实践仍然争议较大，尚未形成统一的局面。对于上述“公开性”认定的行刑衔接问题，我们应该立足于刑法的谦抑性原则，不能简单地照搬行政性规范，否则就会减少非法集资犯罪认定的一个“门槛条件”，这在一定程度上会扩大刑法的适用和打击范围。另外，从刑事政策的角度来看，这也有助于强调“公开性”在非法集资犯罪特征中的重要性，切断非法集资成为涉众型犯罪的外在宣传途径。

（三）经济特征：对“利诱性”的认定

立足市场交易的角度，融资活动是集资人发起的，有投资意图的投资人参与其中，与其一起进行投资的活动。投资最为重要的一点是回报，是否有回报作为重要区分标准，可以分为有偿集资与无偿集资。从非法集资的产生和发展过程来看，其必然伴随高利率的有偿回报，诱使广大公众参与到集资活动中。例如，在沈某福非法集资案中，1989 年至 1993 年，长城机电公司承诺以年息 24%，后提高到 48% 的经济回报，非法集资额达 10 多亿元；在“e 租宝”案中，钰诚公司等承诺以 9% 至 14.6% 的年化率还本付息，向社会公众非法吸纳资金 598 亿余元。按照被害人学的原理，在非法集资犯罪的加害人与被害人的互动过程中，不仅包括加害人对被害人的利益诱惑，也有被害人对集资回报的追求，而这恰恰是集资参与人的被害要因。利害关系是骗局中的动力学因素。双方利害关系中所包含的利益驱动越强烈，所指向的被害者权益越大，集资骗局实施的可能性就越大，其规模、强度就越大，给被害人带来或可能带来的损失就越大。在实践中投资为达到防范损失和被侵害的前提，就是了解相关的法律规定和被害要因。申言之，给付回报正是非法集资活动的诱饵，是将集资参与人引入圈套的诱发剂，这是非法集资活动不可缺少的要素之一。因此，非法集资不适用于无偿集资，其属于有偿集资。

（四）公众特征：对“社会性”的认定

非法集资天然地具有参与人多、影响范围广的特性，其属于典型的涉众型金融犯罪。在非法集资活动中，集资人利用其优势地位，主要表现为信息不对称，用自己的影响力或者是高额利润号召各位参与人进行投资，参与人可能因没有投资理财的经验，盲目从众进行投资。一旦资金链断裂，所有投入的资金都无法收回，而集资人的踪迹也无法寻到，将会对社会秩序的安定、团结产生极大的影响。由此可见，非法集资刑事案件不再是一个纯粹的金融犯罪案件，它还与维护社会稳定的社会效果乃至政治效果紧密联系在一起。在实践中，“非特定性”“社会性”的理解和运用非常重要，如果集资人向特定的对象吸收存款，即使该类对象人数足够多，涉及金额也足够大，仍然不能以非法吸收公众存款罪论处。主要从信息收集以及获取渠道的角度来看，如果是针对某些特定的投资人，其属于某一个关系密切的群体，他们是可以通过各种渠道了解到相关的投资风险的，最为重要的是，这样就不会对其他公众造成很大的影响，只能算作投资者的投资失败风险。然而，在司法实践中，特定对象是一个高度抽象的概念，不便于司法操作的统一。最高人民法院从现实角度出发，考虑到通过列举的方式将基于血缘关系、情谊联系或者在同一单位的工作关系确定为存在特定的信任关系。[1]但是，在实践中不少当事人依据上述规定的漏洞，借助固有的关系，以此规避法律。正是针对这种“借壳”的集资现象，最高人民法院、最高人民检察院、公安部在2014年颁行的《关于办理非法集资刑事案件适用法律若干问题的意见》第3条中，附条件地修订关于依托特定对象吸收资金的情形，规定下列两种情形应认定为向社会公众吸收资金：(1)在向亲友或者单位内部人员吸收资金的过程中，明知亲友或者单位内部人员向不特定对象吸收资金而予以放任的；(2)以吸收资金为目的，将社会人员吸收为单位内部人员，并向其吸收资金的。

二、刑法规制民间金融行为的具体路径构建

(一)健全民间金融犯罪罪名体系

所谓民间金融犯罪应当包括两方面内容：一是在开展经营性的民间金融活动过程中，出现违反法律，严重破坏金融秩序、市场秩序等方面的行为，需要由刑法进行规制；二是披上民间借贷的外壳，实际真实目的在于实现诈骗，集资行为仅仅是一个实现目的的手段。从严格意义上讲，第二类犯罪并非真正意义上的民间金融犯罪，但在司法实践和社会认知当中容易出现混用和混淆，需要予以区分界定。

在前述分类的基础上，民间金融活动过程中的犯罪行为还需要进一步细分，以匹配不同犯罪模式的客观影响和主观恶性等要素。民间金融犯罪按我国现行《刑法》的规定，分为直接融资型和间接融资型，并辅以非法经营罪作为兜底条款。随着社会发展，尤其是互联网元素的介入，前

[1] 《关于审理非法集资刑事案件具体应用法律若干问题的解释》中，将特定对象的外延细化为“亲友”和“单位内部人员”两种类型，在第1条第2款设置注意性的规定，“在亲友或者单位内部针对特定对象吸收资金的，不属于非法吸收或者变相吸收公众存款”。

述划分出现了结构性缺失，尤以互联网模式下的融资中介立法空白为典型问题。将民间融资行为按照法律关系进行分类，分为对债权融资、股权及合伙份额融资、类信托融资、融资信息中介服务。在此基础上，按照民事责任、行政责任、刑事责任的递进，以主观恶性为必要条件，进行罪名设置。适用非法经营罪，限于严重扰乱市场秩序的非法经营行为。对非法吸收公众存款罪，明确在满足犯罪构成的条件下，债权型融资适用非法吸收公众存款罪，股权及合伙份额型融资适用非法发行股票、公司、企业债券罪，为民间金融创新预留合法空间。因此，我国《刑法》中非法经营罪在民间金融领域的适用需要受到严格限制。

（二）明确民间金融相关罪名界限

刑法是通过对社会秩序进行维护，对破坏秩序的行为进行惩罚来实现对个人的保护。这一特征，奠定了刑法的理念、实施基础以及基本原则。首先，刑法的正当性需要依靠其保护权利的目标来证明，只有为了保护个体的财产、自由等权利的目的，在遵守罪刑均衡，罪刑法定等刑法基本原则的前提下，才可能以刑法的方式限制自由，惩处行为。其次，刑法虽然较为严厉，但也不能脱离受规制的公众所期待以及所能接受的范围。倘若不考虑行为人选择其行为的可能性而施以强令，无疑是对法律的效力来源的漠视与背离。最后，刑法以剥夺权利为途径，达成对其他利益的保护或维护，这种方式的适当性存在瑕疵——在没有其他因素介入的情况下，权利的大小即使可以量化，权利的重要性即使可以排序，也不应当为了较大权利而牺牲较小权利，不应当为了更重要权利而牺牲次要权利；倘若如此行为，无异于“多数人的暴政”。刑罚的正当性，应当要求其所用以约束的行为具有道德上的恶性。

根据民间金融交易行为所产生的法律关系可区分为债权型融资、股权及合伙份额型融资、类信托型融资、融资信息中介行为四个类型。债权融资、股权及合伙份额型融资等不同的融资形式背后，蕴含不同的权利义务关系、风险承担方式、风险水平等。刑法规制民间金融行为，应当按照债权型融资、股权及合伙份额型融资、类信托型融资、融资信息中介行为进行有区别的制度设计，从客观恶性角度而非贯彻金融政策的角度，确定刑法的规制范围。在一些司法解释和规范性文件中，对刑法规制民间金融的范围的问题，已经出现从合理性角度的再审视。例如，浙江省高级人民法院发布的《关于当前办理集资类刑事案件适用法律若干问题的会议纪要》中指出，为生产经营所需，以承诺还本分红或者付息的方法，向社会不特定对象筹集资金，主要用于合法的生产经营活动，因经营亏损或者资金周转困难而未能兑付本息引发纠纷的，一般可不作为非法吸收公众存款犯罪案件处理。

民间金融相关罪名中，存在界限模糊问题的主要包括非法吸收公众存款罪，集资诈骗罪，非法经营罪，擅自发行股票、公司、企业债券罪四项罪名。厘清不同罪名之间的界限，有利于指引司法实践，也是刑法合理规制民间金融行为的要求。〔1〕非法吸收公众存款罪与集资诈骗罪在外部

〔1〕 我国《刑法》第 176 条规定了非法吸收公众存款罪，指违反国家金融 管理法规非法吸收公众存款或变相吸收公众存款，扰乱金融秩序的行为。根据《最高人民法院关于审理非法集资刑事案件具体应用法律若干问题的解释》第 2 条的规定，实施下列行为之一，符合本解释第 1 条第 1 款规定的条件的，应当依照《刑法》第 176 条的规定，以非法吸收公众存款罪定罪处罚：(1)不具有房产销售的真实内容或者不以房产销售为主要目的，以返本销售、售后包租，约定回购、销售房产份额等方式非法吸收资金的；(2)以转让林权并代为管护等方式非法吸收资金的；(3)以代种植（养殖）、租种植（养殖），联合种植（养殖）等方式非法吸收资金的；(4)不具有销售商品、提供服务的真实内容或者不以销售商品，提供服务为主要目的，以商品回购、寄存代售等方式非法吸收资金的；(5)不具有发行股票、债券的真实内容，以虚假转让股权、发售虚构债券等方式非法吸收资金的；(6)不具有募集基金的真实内容，以假借境外基金，发售虚构基金等方式非法吸收资金的；(7)不具有销售保险的真实内容，以假冒保险公司、伪造保险单据等方式非法吸收资金的；(8)以投资人股的方式非法吸收资金的；(9)以委托理财的方式非法吸收资金的；(10)以提供“养老服务”、投资“养老项目”、销售“老年产品”等方式非法吸收资金的；(11)利用民间“会”“社”等组织非法吸收资金的；(12)其他非法吸收资金的行为。

形态上具有较强的相似性，涉及对象均为不特定多数人，所产生的法律关系均为债权债务关系，两罪最为核心的区分在于融资方的主观目的方面。非法吸收公众存款罪在主观目的方面不具有非法占有的意图，集资诈骗罪在主观目的方面则自始具有非法占有的意图。在犯罪客体方面，非法吸收公众存款罪与集资诈骗罪侵犯的客体不同，非法吸收公众存款罪侵犯了国家金融管理秩序，而集资诈骗罪所侵犯的则是他人对其财产享有的所有权。

《刑法》第 225 条规定了非法经营罪，是违反国家规定进行非法经营，扰乱市场秩序，情节严重的行为。非法经营罪常被用来规制发放贷款的行为，与非法吸收公众存款罪构成债权型民间融资的两端，是一项兜底类的罪名设置。《刑法》第 179 条规定的擅自发行股票、公司、企业债券罪，是指未经国家有关主管部门批准，擅自发行股票、公司、企业债券，数额巨大，后果严重或者有其他严重情节的行为。擅自发行股票、公司、企业债券罪与非法吸收公众存款罪的最大区别在于，擅自发行股票，公司、企业债券罪所规制的行为，其实质是货币所有权与证券所有权的交换，非法吸收公众存款罪所规制的行为，是货币所有权与债权的交换。此外，擅自发行股票、公司、企业债券罪与非法吸收公众存款罪的人罪的标准不同。根据最高人民法院《关于审理非法集资刑事案件具体应用法律若干问题的解释》规定，非法吸收公众存款的个人罪标准为金额 20 万元，或人数 30 人以上，单位标准为金额 100 万元以上或人数 150 人以上；而根据《关于公安机关管辖的刑事案件立案追诉标准的规定（二）》的规定，擅自发行股票，公司，企业债券的人罪标准为发行数额在 50 万元以上，人数在 30 人以上。随着互联网因素的介入、经济规模的扩张，上述人数与金额的限制呈现明显的适应性障碍，应当以社会现实变化为指引，更为科学地确立入罪标准，根据对社会影响、主观恶性的体现，修改、平衡不同罪名标准的客观差异。

（三）严格避免客观归罪

在刑法规制民间金融行为的实践过程中，呈现比较明显的客观归罪现象，对刑法权威、市场秩序造成了严重损害，在刑法规制民间金融行为的过程中，需要严格避免客观归罪现象的出现。

民间借贷案件的裁判活动中的客观归罪现象主要表现为，在借款人向不特定多数人借款的活动中，未出现偿付危机时，公安机关一般较少介入，此类活动虽然缺少法律上的肯定，但也没有受到事实上的否定。而一旦出现偿付危机，则借款人很可能会受到非法吸收公众存款罪或集资诈骗罪的指控，区别适用两项罪名的重要标准之一是无法偿还金额占总借款金额的比重——这一标准虽缺乏司法解释的规定，但观察诸多非法集资判例，的确呈现出此项特征。综合以上所述，可以得出一个事实上的逻辑链条，即民间借贷活动中，保证人可能因为借款人无力偿还借款而免除保证责任，其事实发展链条通常为：借款人无力偿还——被认定非法吸收公众存款罪——作为主合同的借款合同无效——作为从合同的保证合同无效——保证人免责。

非法吸收公众存款罪与集资诈骗罪之间的最核心区别在于行为人的主观意图，而主观意图的确定需要客观证据的证明，民间金融经营活动的隐蔽性、任意性决定了举证困难的长期存在，这是导致客观归罪现象的直接原因。严格限制客观归罪的方式，一是在举证责任分配方面，在大量债务违约情形中，负债主体对自己融资意图应当承担不具有非法占有意图的举证责任。若举证不能，则应当承担被认定为集资诈骗罪的不利后果。二是在刑法规范设置方面，最高人民法院《关于审理非法集资刑事案件具体应用法律若干问题的解释》采用金额和人数的限制来确定罪与非罪，这种方式虽然提供了一定的审判便利，但同时也产生了不良的思维定式，容易引起客观归罪的错误引导，应当在增强司法能力的同时改变这种数据标准，以事实性质作为定罪的依据。

尾　论

在本书即将杀青之机，我们欣喜地看到，中共中央、国务院于2023年3月16日印发了《党和国家机构改革方案》，在深化党中央机构改革中，要求组建中央金融委员会，设立中央金融委员会办公室；组建中央金融工作委员会，同中央金融委员会办公室合署办公。同时，不再保留2018年国家机构改革设立的国务院金融稳定发展委员会及其办事机构，将国务院金融稳定发展委员会办公室职责划入中央金融委员会办公室。在31个省（自治区、直辖市）设立中国人民银行省级分行，在深圳、大连、宁波、青岛、厦门设立计划单列市分行。另外，县（市）支行被撤销，相关职权也收至地（市）。这次从国务院金融稳定发展委员会到中央金融委员会的转变，能够满足金融监管权力集中统一性所需要的顶层式“三管”推动，即管人、管事、管物。以党管金融作为一个更高的站位考虑，通过中央金融委员会的设计，将推动现代金融监管理念的落实，满足金融创新、金融稳定、经济高质量发展等多元社会需求，标志着金融协同治理模式的进一步成熟，既对过去既有规则做到有益传承和有效衔接，给金融市场一个稳定的预期，又有新的体制性、机制性的创新来满足新的金融发展和监管需求。这反映在金融司法领域，同样就是管主体、管行为（协议）、管标的和履行方式问题。本书作者作为一个有着多年金融审判工作经验的法官，期待金融司法能够在这一时代浪潮中发挥更大的作用，期待穿透式裁判思维能够在金融司法创新中更成熟，更切合金融审判工作的实际和我国金融监管的实际，从而为建设市场化、法治化、国际化下的中国现代金融治理体系助一臂之力。

后　　记

法律是否应该与时俱进?

这是我思索了很久的问题。对此，美国法官和学者波斯纳曾经说过：法律是向后看的，依赖于往昔的学科，遵从成熟、智慧、资历、老人政治，法律怀疑创新、断裂、范式转移以及青年的活力与性急。这是因为，法律必须保证人们的稳定预期，这就决定了法律不能朝令夕改。法律人之所以要谨慎设立新的规则，是因为一旦出现了新的规则，就会改变人们的预期；如果新的规则的确出来了，也就不能在短期之内再改了，因为这会影响人们形成新的预期。

带着这样的思索，该如何处理民间金融审判业务呢？法律、司法解释在很长一段时间内是稳定的、可预期的；但民间金融作为社会经济活动中最活跃的因子，自带创新、逐利、灵活的特质，那么法律的这种可预期性，恰恰容易造成民间金融资本的失控，带来极大的系统性金融风险。作为裁判者，该如何平衡法律的滞后性和社会治理的紧迫性呢？这也是本书创作的初衷。

一方面，作为职业法律人，我理解这种滞后性并非缺点，甚至某种程度上应该是法律的基本品性；在非法律人的视角里，这种品性或许被称为“保守”。但法律里的“保守”和道德意义上的“保守”有所不同：法律的“保守”不是反对社会变革和新生事物；而是不能轻易改变既有规则，不能让规则跟着社会风潮频繁变化。北京大学法学院的苏力教授曾经说过，多变的法治会令人感觉是人治。朝令夕改，不但会增加巨大的社会成本，而且会极大地破坏规则的稳定性和权威性。

另一方面，追求稳定性，又该如何解决滞后性呢？很多人都认为美国的宪法就是法律稳定性的绝佳代表；但是在美国建国初期，就有人曾质疑过这个问题。杰斐逊就认为，每一代人就应该决定每一代人的命运，他说："没有一个社会能够制定一部永久性的宪法，甚至一项永久性的法律。地球始终属于活着的这一代人……前代人的宪法和法律，在它们的自然过程中，和它们的制定者一道死亡。每一部宪法和每一项法律在19年末很自然地开始失效。如果它被强制执行更长的时间，那就是暴力行为，而不是正义的行为。"为何是19年呢，因为在当时的人看来，20年是一代人。所以这段话的意思是，每一代人要有每一代人制定法律的权利。

我想，作为裁判者，既要保持对既有法律和规则的尊重与信仰，也要敏锐地意识到，司法是社会治理的最后一道防线。如果民间金融审判的法官，片面追求稳定的规则，而忽视甚至放任了系统性民间金融风险的产生，那就否定了裁判者在法律实施过程中的主动性和创造性。正是抱着这样的思索，我认为，民间金融审判工作必须与时俱进，这是法律的内在属性所决定的，法律确实比时代慢一步，但它不是拒绝变革，而是拒绝频繁变革、快速变革。

剧烈的时代变革呼唤着新的规则出现。当法律慢于时代时，无数的法律人可以在自己擅长的领域内进行积极的探索，裁判者尤其具有这样的优势地位。"穿透式审查"是民间金融审判中的一种思维方式和精神内核。我尽自己的绵薄之力，试图在纷繁复杂的审判实践中，尝试去定义和解读这种审判思维的内涵与边界；哪怕是慢半拍、小步走，也希望有同道中人，一起持续性地跟进相关研究。

希望终有一天，小步的探索可以促进大步的革新；我们法律人的每一点思考，可以演变为法律条款背后长期的实践智慧，并在漫长的历史岁月中经受住时间的考验！

王波

2023年6月